认知破局

张琦 —— 著

北京联合出版公司
Beijing United Publishing Co.,Ltd.

图书在版编目（CIP）数据

认知破局 / 张琦著. — 北京：北京联合出版公司，2023.6（2024.7重印）
ISBN 978-7-5596-6913-1

Ⅰ.①认… Ⅱ.①张… Ⅲ.①企业经营管理 Ⅳ.① F272.3

中国国家版本馆CIP数据核字（2023）第084339号

认知破局

作　　者：张　琦
出 品 人：赵红仕
责任编辑：牛炜征

北京联合出版公司出版
（北京市西城区德外大街83号楼9层　100088）
河北鹏润印刷有限公司印刷　新华书店经销
字数160千字　　880毫米×1230毫米　1/32　　8印张
2023年6月第1版　　2024年7月第8次印刷
ISBN 978-7-5596-6913-1
定价：69.80元

版权所有，侵权必究
未经书面许可，不得以任何方式转载、复制、翻印本书部分或全部内容。
本书若有质量问题，请与本公司图书销售中心联系调换。电话：（010）82069336

大家眼中的张琦

读这本书,你会看到最真实的张琦。在人前,她如雨后春笋般一夜冒出,爆红全网!在人后,她18年沉稳地扎根生长!如果你对如何做短视频还有疑问,那么所有有关流量和爆款的秘诀,基本能在此找到答案!听别人的拆解,不如书中窥人,找你要的真相!

——**陈艳**

获客文化CEO

张琦是这个时代职业女性的一位新代表,她在企业教育行业18年努力耕耘,厚积薄发,赢得了大家的尊重和喜爱。相信张琦老师会在未来的日子里不忘初心,为推动企业的高质量发展继续做出努力与贡献。

——**董明珠**

格力集团董事长

张琦，一个率真、勤奋、热情的女生，几乎一夜之间俘获男女老少的心，也成为无数创业者的伙伴。推荐张琦新书，帮助你解码商业奇迹，突破认知局限，提升战略思维能力，迎接时代带给我们每一个人的机遇。

——丁丰

博鼎国际（WeBranding）品牌顾问集团创始人及CEO，原三星电子大中华区副总裁。20余年大型跨国公司全球品牌管理经验，行业中的意见领袖

口若悬河，这是对张琦的最初印象。后来，隔着屏幕接触多了，感觉到她的思如潮涌。再后来发觉，你可以不喜欢她的直率，但会欣赏她的真实；可以不接受她的干练，但会折服于她的哲思；可以不同意她的观点，但会尝试她的心法；甚至可以不喜欢她这个人，但会深读她的书。张琦是谁并不重要，重要的是她能让你成为什么样的人。从这本书开始吧。

——韩小红

慈铭健康体检创始人，留德医学博士

张琦是我非常欣赏和钦佩的年轻商业导师，她真诚、直率，有思想，有格局，有对商业模式的深刻洞见，也有超越自己年龄的人生智慧，既能清晰、深刻地看穿事情的真相，又能生动、幽默、接地气地表达，实属难得。相信她的书会帮助你穿越迷雾，看见自己，看到方向。

——海蓝博士

《不完美，才美》作者

你是因为哪条视频、哪句话，而对张琦老师彻底着迷的？那些让大家不断点赞、评论、转发的一字一句，对我而言都那么熟悉。我和张琦老师相识于 2006 年，一起走过职场，一起经历创业。很多人用"横空出世"来形容她，而相伴 18 年的人，最是知道这一路的辛苦和心酸，也只有拥有扎实的企业实战咨询经验，才会有那么多深入人心、引发强烈共鸣的金句……我心中的张琦老师是一个拥有死磕精神的人，典型的必须把一条道走成康庄大道的人；而在坚定的语言模式和坚强的外表下，张琦老师也是少有能保持初心的人，用她特别喜欢说的一句话来形容她，"骑士精神和少女心，可以属于同一个女孩"，唯有真诚得人心！

——贺婵

新媒体流量架构师，张琦老师 18 年合伙人

一年百亿次视频播放量，张琦开创了一个现象级的纪录，这个纪录背后到底意味着什么？相信读完张琦这本书一定会让你感悟到中国市场的机遇与趋势、商业的方法与人生的心法、面向未来的布局与终局。

——江南春

分众传媒创始人

没有无缘无故的爆红。2022 年张琦爆红，而且是现象级的，为什么呢？张琦自己的这本《认知破局》部分解答了张琦之所以成为张琦的秘密。书中除认知点和方法论之外，还有一个没有明写而大家可以去感知的点，那就是张琦的温度：她的那种发自内心的真诚，那种强烈想要给予、想要利他的态度。也许这也是很多人喜欢张琦的原因之一吧。没有一蹴而就的知识，但是只要看到张琦，就能感受到她的激情、她的明朗、她的鼓励，给人以力量。

——梁宁

著名产品战略专家，《产品思维 30 讲》《增长思维 30 讲》作者，被称为中关村第一才女

有料、有趣、有温度、有力度，这是张琦的视频好看的秘密。因为"天－地－人网"营销心法课与张琦结缘，很难想象，初次见面，屏幕外的她也能让人感受到鲜活生动的感染力。

不管是烧脑晦涩的科技架构，还是企业盈利增长模式的痛点，张琦总能精巧、迅速地解码再编码，没有门槛地快速带你进入愉快而又持久的"学习模式"。

不管是新商业架构师、商业咨询顾问还是行业营销专家，我认为张琦最典型的特征是"务实"。张琦的话语充满认知、创新、商机和正能量。如今张琦这道光将会通过《认知破局》这本书折射到更多人身上，这

些微光必定会组成一片流量场的星河，让更多人遇见和创造更好的自己。

——璩静

百度副总裁，全面负责百度集团公关事务。
毕业于外交学院，曾任华为公共及政府事务部副总裁、新华社中央新闻采访中心记者

很多人说抖音是个造星的平台，我倒不觉得，我觉得抖音让我们用更低的成本找到每个领域的大咖，就像很多人说张琦老师一夜爆火，那是他们没看到在过去的18年里她是如何在各个行业中沉淀积累的。抖音上能火的都是四个字——"厚积薄发"。成功要靠底层逻辑，持续成功要靠方法论。《认知破局》就是打破认知禁锢、提升商业洞察的方法论，适合在办公室桌子上、卧室床上、厕所手边常备着，随时提升自己。

——申晨

熊猫传媒集团董事长，中国新媒体营销专家，知名媒体评论人，畅销书作者，投资人

我与张琦老师的初识，是在一家酒店偶遇，我们从太阳初升畅聊到夕阳西下。那天不停有创业者打断我们的谈话，前来求合影，也有十字路口急刹车的出租车司机大喊张老师好，还有某餐厅的服务员大姐开心地说"每晚回家都学习张琦老师的课"。

当天的场景在我脑海中挥之不去。我认为，张琦在塑造一种功德，把商业的思维和企业家的精神，用自己的经验与思考、创造性语言、满满的激情，影响、传导到大众，不仅为企业赋能，还做到了为社会增智。短视频的世界，需要涌现更多这样的知识博主，那么现实世界一定会更美好。

——**吴婷**

嘉宾商学创办人、全球 CSR 基金会可持续发展专委会主席

和大家一样，2022 年五一疫情时刷到张琦老师的视频，一口气看了四个多小时，此后持续关注，通过张琦的视频了解更多商业认知及现象背后的逻辑。看她的视频非常让人开心，内容完整、逻辑清晰，还不失幽默风趣，能够在不知不觉中吸收，改变认知。

作为创业者，与时俱进的学习是企业发展的根本，这本书创业者必读。

——**岳子琪**

鼎极摄影创始人

初见张琦，竟是在酒店大堂的不期而遇。接下来共进午餐时小女生般喊里咔嚓的合影段落，无论如何你想不起这就是全网短视频播放量破百亿次、大名鼎鼎的张琦老师。张琦身上有股难能可贵的真实、真诚和爽朗，她的光彩不仅仅来自 18 年厚积薄发予人的能量，最重要的是她有一颗

希望给人带来启发和光明的初心。这颗心闪着光，让她在一众"星星"中格外耀眼。读完这本书，你也许就能找到普通女生张琦成就自我的不普通"密码"。

——杨晖

资深媒体人，博士，唯众传媒&星野拾光创始人兼CEO，现任上海市政协委员、市妇联兼职副主席。参加过CCTV《开讲啦》等上百档精品台网节目和大型活动与晚会，揽获星光奖、白玉兰奖等百余项国家级重大奖项

过去一年，有幸和张琦老师一起工作，屏幕前的张琦张力十足、妙语连珠，屏幕后却是爆红后保持理性、勤奋好学的张琦，是对外部保持高度敏感度的张琦，总有独到的视角去解读任何一个商业事件。如果说把张琦老师的内容比喻成一道道色香味俱全的菜，那么这本书就是张琦老师的食谱，是内容创作背后独特的思维方式，非常值得期待！

——曾任伟

博商管理科学研究院院长

序

亲爱的读者：

见字如面！2022年是我人生经历中非常奇妙的一年，五一期间很多人刷到了我的短视频，短短一周时间就在全网获得了10亿的播放量，就这样我被大家认识了，有些不可思议，也有些难以置信。视频发布一周后，我的全网粉丝就过1000万了。那天我正好在深圳，一个人去了海边，戴着耳机听着音乐，想着这些年的过往我已泪如雨下，或许是积压了太多的情绪，或许是沉淀了17年的努力终于被大家看到，很感动也很感恩。

我出生在云南的一个小城市，父母都在国有企业工作，小时候父母工作忙，我是跟着爷爷奶奶长大的。爷爷是参加过解放战争的军人，从小我就在部队大院里生活，直到上小学才回到父母身边。在这里我想对已经在天堂的爷爷奶奶说：我很想念你们，你们的孙女很争气，没有让你们失望，她努力地想成为你们的骄傲。我的父母是非常普通的人，他们爱岗敬业，孝顺父母，关爱兄弟姐妹，一生也许没有大的成就，但他们却是我一生的榜样。从小我的父母并没有对我有过高的期望——你应该考什么大学、读什么专业、毕业后赚多少钱，他们和天下很多父母一样只希望我平平安安，平平凡凡，做一个对社会有价值的人。或许这种没有压力的教育让我获得了更多自由成长的空间。

后来我去了成都上大学，很庆幸大学的生活我没有荒废，当选了我们学校经济学院分团委副书记，专业成绩也是名列前茅，屡获奖学金和优秀学生干部荣誉，我还参加了"挑战杯"全国创业投资大赛，获得全国铜奖、全省银奖。大学毕业后我有很多选择：回到家乡去父母所在的国有企业顶职；学院领导和我谈过有交换生的机会，可以到澳门科技大学继续深造；或者参加学校的选调。而我却出乎所有人的意料留在了成都，选择了一份与企业教育有关的管理咨询培训工作。在这个行业我一干就是18年。在这期间，我从一线业务员，到经理、事业部负责人、分公司总经理，再到后来我老板的突然离开让我被迫创业。大多数人创业是从零开始的，而我不得已从负数开始。

18年如一日，我坚持为中小企业服务。2022年借助新媒体让大家认识了我，这一年时间很幸运地获得了几千万用户的关注与喜爱。这一路上有太多的辛酸，也有太多的感动。感谢那些默默陪伴我的人，感谢那个在最困难的时期没有放弃的自己。

我很幸运，我为各行各业服务的18年，也是中国经济飞速发展的18年，我们经历了浩浩荡荡的中国城市化进程，也见证了中国互联网经济的高速发展，而今我们国家的新能源、高科技（如人工智能）产业正在迅速崛起。我经常和粉丝们分享，我们生在一个最伟大的时代，我们这一代人将完整地见证伟大民族的复兴。每每想到这些我都会心潮澎湃，热血沸腾。当今世界国与国的竞争，是以科技和经济实力为核心的综合国力的竞争，而一个国家的企业的发展和进步往往是推动经济增长和社会进步的重要力量，而我们非常荣幸能够为那么多的中国企业和创业者服务。我经常感叹：生在盛世，吾辈当自强！

2022年对我来说是丰收的一年，短短几个月，作品在全网已经有了100多亿播放量，线上课程服务超过30万学员，线下赋能超过3万学员。这一年我还非常荣幸获得了"中国十大品牌女性"的荣誉，我深感流量的背后是责任，希望未来通过我们的努力,能够让更多女性的声音被听到,更多女性的成长被看到。也希望我们能够持续地为用户带来优质内容,继续帮助更多创业者获得事业和人生的成长。

在获得巨大关注后,很多人解读我,很多人支持我,也有人质疑我,我要感谢那些给予我支持与喜爱的人,也感谢那些质疑让我变得更加坚定与自信。也有人问我,害不害怕自己流量下滑,被大家遗忘。我几乎脱口而出地说,不怕,因为一定会有那一天,没有人会永远红,没有人会一直拥有流量。这段人生的经历已经足够奇妙,我很感恩,也很知足,红的时候就去享受,享受工作的充实带来的价值与成就,不红了就去认真享受生活。我一直认为人生最重要的不是追求所谓的完美和成功,而是真正勇敢地为当下而活。认真去爱,去付出,去体验,去经历,努力在这个过程里去遇见、创造更好的自己。这样的人生我认为大多数人通过努力都是可以拥有的。

这本书记录我的成长,记录了我很多爆款短视频的内容,也记录了我对外在世界的一些理解,很多内容虽不完美,却很真诚。希望你们能够喜欢。

目录

CONTENTS

认知篇 / 只有升维思考，才能降维打击

01. 天道酬勤是世界上最大的"谎言" 004
02. 解题思路比答案本身重要一万倍 009
03. 拉高一个维次，用未来的眼光看现在 013
04. 别小瞧"非主流"，任何事物崛起都是从边缘开始的 017
05. 商业的本质是什么？ 022
06. 一切商业的成功，皆源于对消费者需求的洞察 028
07. 这才是消费升级的真相 033
08. 掌握全局系统的思维，才能看到本质、看清趋势 037

战略篇 / 可以不会方法，但不能没有方向

01. 方法错了可以复盘，方向错了就是灾难 046
02. 没有以终为始的顶层设计，一切只是周而复始的生存 050
03. 关注变的，更要关注不变的 055
04. 与其更好，不如不同，找到自己独一无二的价值 059

05. 谁离用户越近，谁的价值越大　　　　　　　　063

06. 优秀的 CEO 都是顶级的营销高手　　　　　　067

07. 未来企业的竞争，是商业模式之间的竞争　　　071

08. 企业想要基业长青，一定要不断"生儿子"　　075

方法篇 / 通往高手之路

01. 高手都是做减法的　　　　　　　　　　　　　086

02. 聚焦一个群体，切准一个场景，解决一个问题　090

03. 品牌不是你是谁，而是你让用户成为谁　　　　094

04. 你以为的痛点不是痛点，真正的痛点是难以启齿的　098

05. 终极的商业链接，是与用户的情感联结　　　　102

06. 什么是孤独？孤独是最高级的生活方式　　　　106

07. 高级的营销就是和用户谈一场恋爱　　　　　　110

08. 高级的文案，都自带氛围感　　　　　　　　　114

心法篇 / 事业是修炼的道场

01. 了解自己的过去，才能迈向未来的成功　　124

02. 有格局的人是什么样的？　　128

03. 比学历更重要的，是学习力　　132

04. 真正的高手，都是坚定的长期主义者　　136

05. 悲观者或许正确，但乐观者才能创造未来　　140

06. 没人想看你的崩溃，创业需要"迷之自信"　　145

07. 能跳出自己的圈层做事，才是真正的狠人　　150

08. 每个人的人生事业都需要寻找第二曲线　　154

趋势篇 / 机遇，永远藏在趋势里

01. 财富机会 = 时代算法 + 时代趋势 + 你的优势　　166

02. 未来商业的终局是什么？　　170

03. 会讲故事的人，未来一定能赚钱　　174

04. 了解年轻人，才能了解时代趋势　　178

05. 真正的高手，都在用未来的眼光看现在　　183

06. 旧商业时代变现关系，新商业时代变现数据　　188

07. 成为一个细分赛道的头部，你才能赚更多钱　　193

08. 女性的进步必将带动女性经济高度崛起　　198

番外篇 / 八个人生真相，越早看懂，越少踩坑

01. 人生最重要的两件事：和谁一起生活，跟谁一起做事　　208

02. 穷人才谈人缘，富人只看价值　　211

03. 爱是父母给孩子最好的教育　　214

04. 你的自我价值从何而来　　217

05. "自嗨"式创业，只能感动自己　　220

06. 不赚钱的时候，千万不要瞎折腾　　222

07. 心里能装多少人，就能成多大的事　　224

08. 人生除了生死，其他都是擦伤　　226

结语　把自己活成确定性，做赢到最后的人　　230

COGNITION

认 | 知 | 篇

只有升维思考,
才能降维打击

认 | 知 | 篇

人与人之间的竞争，
是脖子以上的竞争。

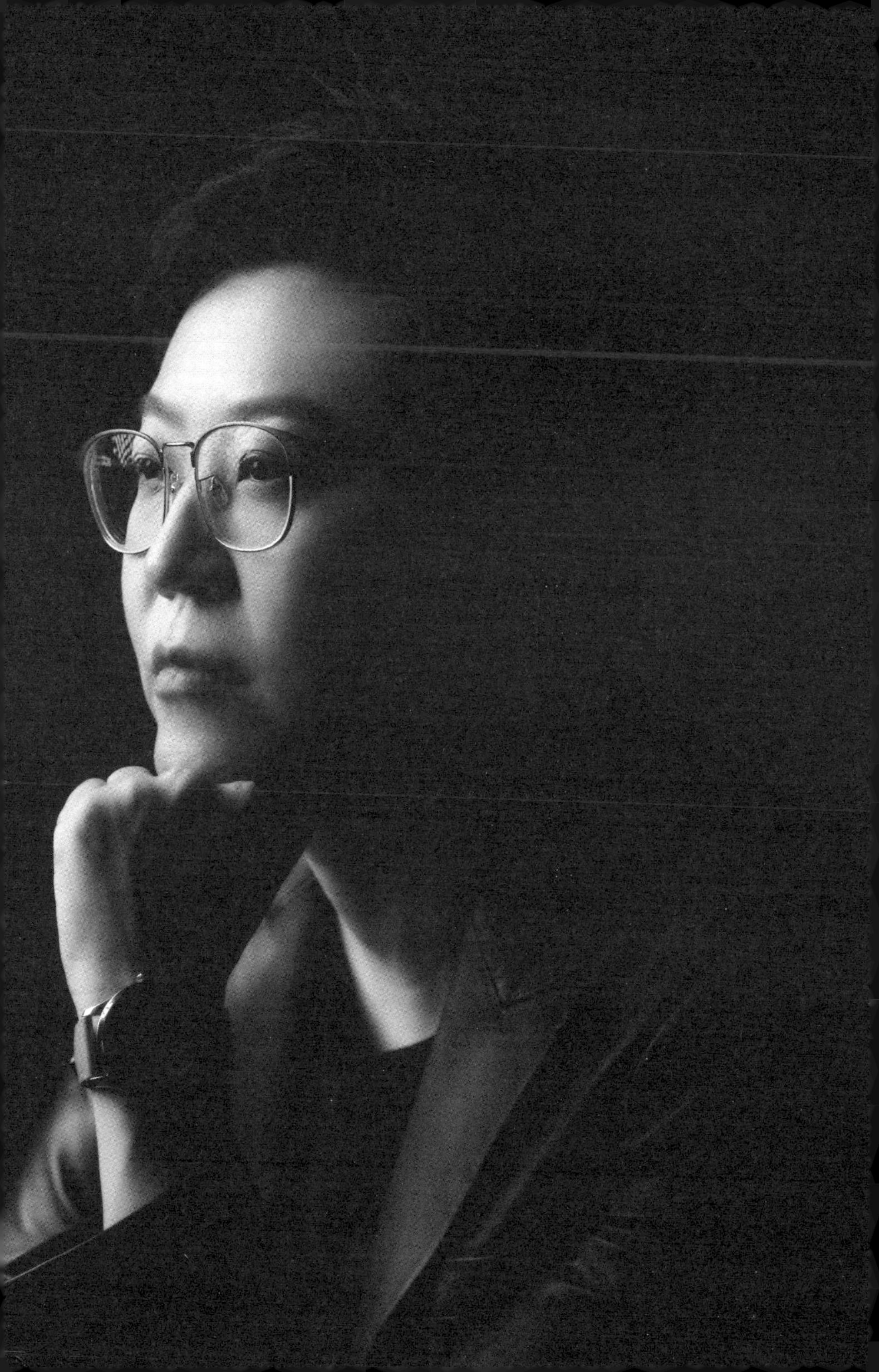

01
天道酬勤是世界上最大的"谎言"

我曾经看过一个段子，说三个人去拜见一个大师，他们坐着电梯到了大师家门口。然后大师就问第一个人，你是怎么上来的？第一个人说天道酬勤，因为他非常努力，刚刚做了1000个俯卧撑上来。

勤奋努力是很重要，但谁不努力呢？努力是必要条件，不是充分条件。

大师没理他，就问第二个人，你怎么上来的？第二个人说，因为他爱学习，看了1000本书，才能来到这里。

这也说不通。如果知识越多，学历越高，创造力就越强，那中国最会赚钱的一批人应该在高校里。但事实显然不是这样的。

然后又问第三个人。第三个人说他八字比较好，今天出门之前看了皇历说他可以上来，他就上来了。这就让人无法反驳，因为玄学这两年在商业领域非常火。我有个学员为了追回 3000 万元欠款，甚至花了一大笔钱改了手机号码，把办公室重新布置了一下。

结果我不知道，但方法真的让人哭笑不得。

这三个人说完以后，大师说，你们三个人讲的都是废话。说那么多，你们三个人不都是坐电梯上来的吗？这个电梯就叫作——**时代的机会**。

如果你生在 1840 年或者 1940 年，你根本不会读我这本书，也不会想着提升你自己的商业表现、职场表现。**所以，当一个人什么都没有的时候，要的是迷之自信，放大自己；当你取得阶段性成功的时候，反而要缩小自己，放大一些外在的因素，比如时代、地缘、环境、工具、团队等其他因素**。只有这样，你才能够持续获得成功。

就像 1999 年，马云和下面的伙伴们说，他们的公司会成为中国十大互联网公司之一，让伙伴们要相信他，他是一个潜力股老板。但是他第一个月工资可能发不出来，就问伙伴们能不能把钱借给他，他再把工资发给他们。

这样看，你觉不觉得他像一个疯子，甚至像一个十足的骗子？所以，一个老板想要做出正确的决策，一定要站在 2024 年，2025 年，甚至 2029 年的维度看今天。

经常有人评价我说，觉得我运气好，加上我个人的努力，才能在一个假期的时间火遍全国。而我自己深知，这其实是时代的力量。是平台、算法、团队的力量，我自己只占 10%。而我这 17 年的积累，天天服务企业、走访企业，让我和中小企业老板的共鸣越来越多。当时代的机会来的时候，我才能接得住。

有很多人把自己的成功解读为努力，把别人的成功解读为幸运。这其实都是一种误读，这样的逻辑没有价值。当我们看到别人的成功，不要觉得别人就是运气好。这样的解读是没有任何意义的。

勤奋就一定能成功吗？不一定。

首先，搞错方向，努力白费。

如果勤奋能够创造亿万财富，那这个事情就简单了，天桥底下擦鞋的小哥哥也很勤奋，他能够创造亿万财富吗？

这个世界更扎心的真相是比我优秀的人、比我资源好的人、比我聪明的人，比我还努力。我们普通人努力是必然的，是必须的，但是努力要建立在正确的趋势上，正确的方向上。**搞错了努力的方向，一切努力都是白费；搞对了方向，你的努力才事半功倍。**

其次，认知水平低，再努力也没用。

这个世界上的大多数人都在长期从事着一件事，但是优秀甚至杰出的人为什么少之又少？

因为他们平时做的都是低水平的重复。有90%以上的人都在长年累月、周而复始地做着大量低水平的重复。这就是一万小时定律的误读，你开一万小时的车就能成为F1的赛车手吗？你做一万小时菜就能够成为高级厨师吗？同样，你做一万小时生意就能够成为企业家吗？答案是不一定，因为大多数人都在做低水平的重复。

但是高手是在重复的训练中不断突破自己、不断升级难度、不断地更新和迭代自己的认知的，这才是带给自己指数级增长的方式。只是简单地堆砌动作是没有效果的，你不能只低头拉车，还要抬头看路。拉高一个维次，用未来的眼光看现在；提升一个高度，你才能做出正确的决策。

最后我想说，投资自己的认知是这世上最稳赚不赔的生意。

每个人都有自己的能力圈。当你还是一个业务员的时候，当你还在做销售的时候，你就用一个销售经理的眼光去看自己的工作，那你一定是销售员当中业绩最好的；如果你成了销售经理，你能用一个销售总监的思维去思考你的工作，那你一定是晋升最快的。

当你是一个部门总监的时候，你能学着用CEO（首席执行官）的思维去思考你的工作，你肯定是公司得到提拔最快的；当你已经成为一个CEO，如果你拥有了投资人的眼光，学会用资本的眼光去审视公司的业务，那么你一定会比别的创始人和CEO更容易拿到融资。

所以，创业者要用产业的眼光看行业，用行业的眼光看企业，用资本的眼光看产品，用未来的眼光看现在。拉高一个维次看世界。

这就是认知的作用。随着认知的提升，人能不断拓展自己能力的边界。

人生最大的投资不是什么房啊，车啊，这些都不重要，重要的是投资自己的认知。所以人跟人的竞争归根到底是脖子以上的竞争，你的认知、你的思维，决定了你和别人的不同，也决定了你能走多久、走多远。

王兴把"top"这个词，分解成三个词——talent、opportunity、patience。一个人需要有天分、有才能、有合适的机会，同时还要有长期的耐心才能成长起来。

大部分人成功的时候都会自我膨胀，特别自信，不如意的时候就会特别自卑。我建议你一定要反其道而行之。

当你不如意时，你一定要放大自己，保持自信，这样才能帮自己渡过难关。但当你成功时，你反倒要缩小自己。一定要透过现象看本质，去放大时代的力量，看到更大、更宏观的东西，只有这样你才有可能踩到下一个时代红利。

02
解题思路比答案本身重要一万倍

坊间曾流行这样一句话：学华为者生，像华为者死。

很多人想效仿华为的一些做法，折腾了一段时间，发现不仅没给自己的公司带来收益，反而越来越差。

问题出在哪儿？

学我者生，像我者死。只靠模仿，无异于"东施效颦"，你永远无法真的成为那个人。当趋势发生变化时，只有理解底层逻辑，才能知道如何解局。

有个学员曾问我：减肥这个领域还值不值得做？

这个问题就有一定的代表性，怎么确定值不值得做？**我们的思考逻辑应该是先定性，再定量。**

首先我们要思考，女性的就业率有没有提高？女性的创业率有没有提高？女性的收入是不是在增长？这些都是肯定的，所以从定性的角度来说，这个事情可行。

接着去定量。我们去做数据分析，去看各大电商平台上，关于减肥健身的所有产品服务，它的体量是不是在增加。

减肥这个市场一直都存在，只不过形式和产品层出不穷。前两年用按摩、针灸，现在用代餐加健身，各种各样的手段不停地在换。这个市场为什么会一直存在？正是因为很多人是在不断减肥的，尤其很多女性经过无数次失败，然后又从头再来，这说明减肥的复购率还挺高。

所以，从定量的角度来说，减肥赛道也十分可行。甚至，我也可以说，整个美业的赛道，大家也不用怀疑。为什么？

我们的思考逻辑还是先定性，再定量。

女性经济独立，往往就会思想独立。女人一旦有了钱，思想独立之后，就想让自己变得更好，而对大部分人来说最直接的想法就是让自己变得更美。

如果一个女人到了 40 岁、50 岁，她的身材还是很好，没有小肚子，面部的状态也很好，这至少可以证明她是一个自律的人，这个人设就拉满了。

所以，这就是为什么现在有很多人喜欢在朋友圈晒健身和运动的照片。这代表"我"是一个可以管理自己的人，"我"是可以管理自己时间的人，是一个自律的人。

Keep 最初是把一些健身的视频放到网上，但它的用户增长很缓慢。直到这个 App 推出了一个功能，叫作"记录你的运动轨迹和运动数据"。用户都非常喜欢这个功能，你锻炼结束后，就可以截图发个朋友圈。

这样一来，在朋友圈当中就形成了一种生活方式，用户就开始裂变了。而用户之所以能够裂变，本质上是因为你让用户用了你的产品，用了你的服务，产生了一种高级感。

由此，就又形成了正向循环：用户愿意自动帮你传播，又给你带来新的用户，你接下来又可以卖周边产品和其他衍生的服务。

所以不要卖产品，要卖解决方案；不要卖产品，要卖生活方式。

而以上我分析的这些，也是为什么这个行业能够持续发展的底层逻辑。**普通人和高手最大的区别，在于高手能够掌握底层思维。你只有掌握了底层逻辑，才能动态地、持续地看清事物的本质，掌握事物发展与变化的规律。**

我有一个学员，他家是做牛排的老牌餐厅，在全国开了三十多家门店，现在遇到了增长瓶颈，想吸引一些年轻的客户群，不知道如何突破。

现如今，年轻人的生活品质越来越高了，虽然他们日常工作很忙，但是愿意为有品质的生活方式买单。谁说回到家就只能泡个方便面，就只能吃速冻饺子？小年轻谈恋爱，配点红酒，吃点牛排，这个调调也很常见。

有人说盒马里面已经在卖成型的牛排了，但是今天我们有没有听说过一款到家的牛排？谁是这里面的头部品牌？

没有头部就有机会。但你一定不能直接卖牛排，依然要卖解决方案。

牛排可以到店吃，也可以到家吃，甚至还可以配一些会员礼品，连桌布和餐具都给用户配好，让用户感受到满满的调性与仪式感，让他吃完之后想发朋友圈。你在家里泡碗面，还会发朋友圈吗？

但今天你请男朋友来到家里边吃饭，在家里做一份牛排，可能你一年就做一次，你很有可能会发视频证明你是个贤惠的女朋友。你不是煎给他吃的，也不是煎给自己吃的，你是煎给朋友圈的朋友吃的。

这样就有高光时刻了，这也是用户想要的解决方案。

今天我们处在一个商业的"乌卡时代"[①]，"黑天鹅""灰犀牛"[②]事件层出不穷，给世界经济造成了巨大冲击，商业环境变化得非常快，企业的问题是层出不穷的。几乎每个人，都想成为"一秒就能看透问题本质的人"。

但王兴也曾说过一句扎心的话："多数人为了逃避真正的思考愿意做任何事情。"所以不要只关注答案，而是要关注解题思路，解题的思路比答案本身重要一万倍。

你的认知有多宽，你的边界就有多宽。我们做老板的，只有不断升级认知，才能不断破局。

[①] 乌卡时代（VUCA），是指我们正处于一个易变的（volatile）、不确定的（uncertain）、复杂的（complex）、模糊的（ambiguous）的世界里。
[②] "黑天鹅"是指那些出乎意料发生的小概率高风险事件，不可预测；"灰犀牛"是指会大概率发生且影响巨大的潜在危机，可预测。

03
拉高一个维次，用未来的眼光看现在

有一次我上课碰到一个女孩，当时是夏天，她却穿了一件羽绒服。我觉得很奇怪，问她："你为什么穿羽绒服？多热啊。"

结果她说，其实她住在南半球的澳洲，专门赶来上课的，现在那边正是冬天。

我们接着就聊了起来。她说国外的互联网渗透率远没有国内这么高，完全没有社交电商、内容电商、兴趣电商、社区团购等，这些模式统统都没有。

她认为现在国外在互联网的创新上，是远远落后于国内的。后来，她把国内的商业模式复制到澳洲去，结果一举成为澳洲那个圈子的第一。这就是非常成熟的投资。

读万卷书之后，我们一定要行万里路。为什么我们看到很多商人满中国地跑，满世界地跑，这就是有全球化视野、格局的表现。

软银的孙正义有一套"时光机理论"，意思是充分利用不同国家、不同行业发展中间的不平衡，将先进的技术和思想带到落后的地区。

比如美国某方面的技术比日本先进，他就先在美国投资该技术，等时机成熟后再带着美国的经验杀回日本，仿佛坐上时光机，回到几年前的美国。

这其实跟我们现在所说的"消费升级""降维打击"很像。

未来一直都在，只不过历史分布不均，发达经济体经历过的，是发展中经济体正在经历的。

而我们需要做的是：用时间去换空间，用空间看到更大的时间。用未来的眼光看现在，做出正确的决策。

现在有很多企业，正是践行着这套"时光机理论"，从而在国外市场如鱼得水。

在 TikTok 之前，海外的主要网络平台有 Facebook、Instagram、YouTube、Twitter 这传统的四大平台，此外还有 Snapchat 这类以图片为主的新兴社交平台。

那时国外并没有以短视频为主的社交平台，对 TikTok 来说，整个国外市场都是蓝海市场。

不出所料，TikTok 在国外一经推出，就以非常快的速度攻城拔寨。2020 年，TikTok 的全球下载量就已经超过 Instagram 和 Facebook，成为下载量第一的内容社交App；2022年10月，TikTok的日活用户更是超过了10亿。

这款产品，就是国外版抖音，它同样是由字节跳动公司做出来的。

很多人叫嚣着抖音不好做，获取流量太难了。喊着难做的人中，有一批真的放弃了挣扎，但还有一批人，将重心转向了TikTok。因为TikTok并未向国内用户开放，对这些人来说，与其跟大家一起内卷做抖音，不如将一些做抖音的模式复制到TikTok上去。

这就是有的企业出海做产品，有的用户出海做内容。

有一个手机厂商叫传音，很多人压根儿没听说过，但是它却称霸非洲，巅峰时期占据整个非洲大陆50%以上的市场份额，成为"非洲手机之王"。

小米干不掉，华为干不过，苹果卖不过。

传音的团队，其实是从波导手机里出走的一帮人。他们放弃竞争激烈的国内市场，将目光瞄准非洲大陆，将领先的中国制造带到欠发达的地区。

他们不需要做多少技术的变革，不需要做多少产品的改良，只需要把在中国经历且验证过的模式和方法，在非洲再复制一遍，就取得了很好的结果。

所以，做商业、做产品，一定要放在时间和空间的维度上去思考，这一点尤为重要。

为什么？

他们是这样回答的：本地化创新要求你在当地有一定积累后，从细分市场里发掘用户需求，然后从用户的确切需求着手设计产品。也就是说，在出海早期，你可以复制原有的经验，但想要活得更久、活得更好，你还得因地制宜，去做本地人需要、喜欢的产品。

可以说，学会复制粘贴，能让你活下来；而真正会编辑，才能让你活得更久。

你要用产业的眼光看行业，用行业的眼光看企业，用资本的眼光看产品，用未来的眼光看现在。要看得更远，看得比你做的拉高一个维度，这就是老板的思维。永远都要多看一步。

今天我们要做出的决策，是要面对明天的问题的。

一个人要去面对明天，首先要去解释自己的昨天。一个人如果不能够很好地去回顾和总结过去，他就很难立足现在和面对未来。

04
别小瞧"非主流",任何事物崛起都是从边缘开始的

无论是淘宝,还是抖音的崛起,都有一个基本规律:从边缘开始。

淘宝一开始是让非主流商家卖非主流产品给非主流用户群体,后来才逐渐发展、演变成主流商家卖主流产品给主流人群。

抖音也是如此,一开始全是非主流的内容。一些特效视频、对口型的跳舞视频,很多人都看不上,不屑于用抖音,结果现在它也慢慢变成了主流平台,大主播、明星不断入驻。

无论什么行业,创新都不是从大企业开始的,行业的颠覆,往往都是从边缘地带开始的。

所以,当你获得了某个领域的成功时,一定要戒骄戒躁。千万不要小瞧那些看上去非主流的边缘企业,也许有一天它们就会崛起,让你刮目相看。

拿我自己举例。我们这个行业以前的销售方式是电销加会销，但后来发现电话的效率越来越低，打100个电话，90个都被挂了，那我把话术训练得再好，企业老板不接我电话、不给我上课的机会有什么用？

想要改变局面，就要看用户在哪里，去哪里可以遇到用户。

所以，2019年时我就开始做抖音，虽然那时抖音的生态还不完善，我不知道怎么变现，也觉得很累，心想还不如去线下讲课，做服务变现，那可赚得比做抖音多。但我并没有放弃，而是继续用心运营，因为我知道，这一定是未来的大趋势。

当时我就发现，抖音的用户越来越多，用户停留在抖音上的时间也越来越多，这是一个非常明确的趋势。**因此，你做不出来，不是平台的问题，而是你做的方法不对。**

为什么我能察觉出，短视频一定会给行业带来巨大冲击？

原来我们都看图片和文字，而处理图片和文字对人的理解水平要求比较高，一般高于处理短视频的水平。看视频你只要戴个耳机就行，节奏很快，有时都不需要读上面的文字；另外，很多视频内容的生产速度也比文字作品快。

这样便利的背后，是市场趋势。

很多人觉得短视频和直播很复杂，其实不然，你要把它看成一个生意。

我刚做抖音时，我的合伙人都不看好，知道我想在上面讲怎么创业、怎么做企业管理后，还问我是不是疯了。抖音上哪里有老板？哪个老板会看视频学习？

这就是认知问题。**从边缘走向中心，这是商业模式创新的必然历程。**

当时抖音给人的感觉确实很非主流，内容和用户人群都比较非主流，但我知道它一定会变得主流。**等以后变成主流再下场，就已经晚了，所以要在之前就布局好。**

一个平台有无数次机会，就看你是否能看得准，抓得住。

果然，现在的抖音经历了几轮迭代，从开始的非主流视频，到现在的主流内容、明星下场，再到东方甄选直播间带起的企业直播风，当初的"非主流"早已脱胎换骨，而那些看准机遇并抓住的人，也早就吃到了红利。

不过，平台找到了，还要找对方法。2022年五一期间，我们多年的沉淀有了反馈，一下获得了巨大的流量，出了很多爆款视频，因此很多人都来询问我出圈的秘诀。

其实很简单，两点。

首先，要有好内容。

我有几条爆火的视频，比如：《K12会被团灭吗？》，这条视频有3000多万播放量；《未来房产还值得投资吗？》，这条视频有近1亿播放量；《三胎背后的本质原因是什么？》单条视频更是获得了近2亿播放量。

我能有这么好的数据表现，押对了平台、对热点话题的捕捉和对当下人群痛点的洞察是关键，而这背后是 17 年以来专业的积累。

其实，不论是图片、文字还是短视频形式，内容才是王道，你再多变、再花哨，没有拿得出手的硬内容，都是白扯。

其次，是形式。

很多粉丝说，你怎么老穿同一件衣服？难道是故意的？

这真的误会了，其实我没想那么多。真实的原因是，我一天讲课时间是 5~6 小时，然后把内容一段一段地剪辑出来，分发到全网平台，低成本、可复制，最终获得了 10 多亿播放量。所以好多视频都是出自同一个课程，自然就是同一件衣服。

当我们看到一个地方存在红利，接下来要做的就是掌握如何放量，而放量的核心是找到低成本、高效率输出内容的形式。

有人让我坐着用口播录制的形式讲，后来小伙伴说，张老师你在线下讲课的时候节奏很好，风趣幽默，信息密度很高。所以不用专门录制，就用自己自然的状态讲课，然后我们会在录制后再切片剪辑。其实我也发现我站着讲课时最自然，用户也都很喜欢，所以就都站着讲了。

总之，我也是通过不断试错、不断坚持，才发现最适合自己的方式。

这里要强调的是，形式不是目的，只是手段。要永远都把自己放在一个为用户服务的位置上，把自己当成一个提供价值的通道，能给别人

提供功能价值，也能提供情绪价值。

前提是，千万不要小看那些你现在看不上的非主流平台和产品，或许你的机会就在那里。

任何事物的崛起，基本规律都是从边缘开始的。看清趋势，抓住时机，爆发就指日可待。

05
商业的本质是什么？

商业是什么？商业是研究交易的学问，没有交易就没有商业。

比如你家的大米种得非常好，一直种来自己吃，这不叫商业，这叫自给自足的小农经济。

如果你认识了一位很厉害的教授，他用一项叫杂交水稻的技术，帮你从亩产 100 斤变成 200 斤，这叫商业吗？这叫技术创新拉动生产力的释放。

如果你的大米吃不完，你把它生产成了米线、米粉、米糊，搞了一堆产品出来，它叫商业吗？它还是不叫商业，它叫产品创新。

什么时候叫商业？

就是你家的米吃不完，你跟隔壁的小明讲："小明你家的鸡蛋吃不完，我家的大米吃不完，我可不可以用我家的米去换你的鸡蛋？"

当你们开始交换，商业才真正开始。

但这种形式的交易效率极低，后来人们为了提高交易效率，约定一个时间点，去市场上集中交易。市场的诞生就是为了降低交易成本，提高交易效率。而随着时间的推移，人们发现这种物物交换的形式，效率还是不够高，后来又出现了能提高交易效率的一般等价物和货币。

商业的产生，本质上是为了不断追求更高的交易效率。

现如今，更是出现了互联网电商的交易形式，人们可以使用支付宝、微信等进行支付。我们现在想买东西，就会条件反射似的拿起手机打开各种电商App，好像我们一直以来都是这样购物的一样。

但大家不要忘了，电商崛起和发展，也才十几年的光景，从前我们可都是在线下的商店买东西的。

那线上为什么可以这么"彻底地干掉"线下？

好多人都说因为互联网出现了，手机也普及了，他们也就形成了线上消费的习惯。

这都只是日常行为堆积的一种表象。**线上之所以能"干掉"线下，是因为它狠狠踩中了一件事，即交易效率，而这正是商业在根本上要追求的。**

比如今天你要去买一件衣服，你到商场很可能需要货比三家，比价格、比设计、比质地。可是，你一天可以逛多少家门店？

再到后面，大家也很少逛线下店了，而是直接打开手机里的淘宝、京东一类的购物App，按照价格、评分、送货的速度筛选一下，不管你要找什么衣服、什么品牌。毫不夸张地讲，你可以一分钟货比300家。

可以说电商的出现，大大降低了用户的搜寻成本。

但后面又出现了新的消费形式。

2019年流行短视频"种草"，你想要买什么东西，在软件里搜索关键词，看博主是怎么给你测评的，看完之后，很快就能决定下来买什么了。

2020年又流行直播带货，你对什么东西感兴趣，停下来听主播讲一小会儿，也就知道这个东西适不适合你了。你不需要去筛选，主播已经给你筛选好了；你也不用砍价，主播已经跟商家谈好了低价。只花几分钟，你就能完成从了解到交易的所有流程。

2021年开始流行品牌自播，像过去很多我们熟悉或是不熟悉的品牌，都将重心从线下店转到了线上。你想买衣服、想买鞋子、想买零食，直接搜索相应的品牌直播间，打开购物车，听听主播是怎么给你讲解的，之后在家里等着收快递就可以了。

直播带货可以让一个新品牌瞬间触达数以千万计的用户，同时完成品宣和交易。过去消费者是在线下逛门店，现在是在手机上逛直播间，搜寻的成本更是得到了压缩。

除了搜寻成本，还有信任成本和交易成本。

在线上购买商品，买卖两家中间隔着无垠的互联网，你看不见我，我看不见你，谁也不认识谁。买家希望货到付款，卖家希望款到发货，卖家不相信买家，买家也不相信卖家，谁也没法相信谁，无法达成交易。

整个交易过程的信任成本很高。

所以马云搞了个东西叫支付宝。买家不用相信卖家，卖家也不用相信买家，把钱都打到支付宝里来，15天结算。支付宝账上的钱最多的时候甚至比四大国有银行还多，它不仅仅是电商，还是互联网金融。

移动支付被网友戏称为当代中国四大发明之一，出门可以不带钱、不带包，但是不能不带手机。

是什么带动了移动支付呢？是4G网络。

而在移动支付的推动下，外卖和餐饮行业也得到了飞速发展。

所以互联网本身是不直接创造价值，也不生产价值的，它只降低交易成本，提高交易效率。它完成的是链接革命、算法革命和匹配革命。

从前我们租房、买房，想去找房源、看房子，根本无从找起，只能去看墙上的小广告。后来有了一些房产中介公司，但有几年频频爆出黑中介，尤其是好多有关"北漂"的电视剧里，经常有主角被黑中介坑了钱的桥段。

直到这两年，如果我们想租房、买房，线下我们会想到链家，线上我们会想到贝壳。

链家借助资本力量，两年时间开了2000家门店，速度非常快了。但是贝壳比链家还快，贝壳利用产业互联网思维，运用同行整合模式，两年时间整合了40万名经纪人、4万家门店。

我们知道链家是房产中介，它的客户里有买房的人和卖房的人，价值是真房源、真信息、安全交易。而贝壳的客户不是买房的人，也不是卖房的人，它的客户是房产经纪人，它打造了一个经纪人合作网络。

房源部分分为五个环节：找房源、拍照、上传、实勘、维护。

客源部分也有五个环节：带看、沟通、交钥匙、过户、成交。

房子成交后，员工参与了几个环节，就拿几个环节的钱。这样一来，买房和卖房的效率都大大地提高了。

同时，新员工的留存也解决了。一般来说，房产经纪公司的新员工是留不住的，经常是三年不开张，开张吃三年。新员工没有资源、不会带看、不会沟通，也没有经验，但他们可以去拍照，去找房源，去维护房源。所以，你找了一套房源后，即使这个房子不是你卖出去的，同行卖出去后你也能分钱。这样一来，新员工的留存率就提高了。

归根结底，贝壳解决的是整个行业的效率问题。

过去，我们沟通需要打电话，需要发短信，这都是要收费的，而现在我们用微信，就可以搞定沟通的所有环节；过去，我们吃东西需要跑到店里，现在可以打开美团在线下单，坐在家里等着外卖送到我们跟前。

电商让消费的效率变高，贝壳让房产交易的效率变高，微信让沟通的成本变低，外卖平台让饮食的便捷性提高，随之让阿里、贝壳、腾讯、美团都成为行业巨头和独角兽。

所以，判断一个商业模式能不能成功，也有一个逻辑，就是看能不能极大地提高用户体验，能不能极大地提高行业交易效率。

而未来的趋势就是，谁能让效率更高、成本更低，谁就有可能成为下一个独角兽，或者说新物种，也就是传统眼光里的异类。

正如雷军所说："一个人要做成一件事情，其实本质上不是在于你多强，而是你要顺势而为，于万人之上推千钧之石。"

顺势而为，就是最大的势。做企业，顺势，才能乘势而上，聚势而强。

06
一切商业的成功，皆源于对消费者需求的洞察

消费者的需求来自哪儿？理想与现实的差距。

差距产生痛苦，痛苦源自比较。所以，需求是可以创造出来的，而消费者是可以被"教育"出来的。

举个很简单的例子。普通人其实并不需要一个LV包，也不需要爱马仕包。但你今天要去参加高中同学聚会，发现高中的那些女同学现在人手一个LV包，你拎塑料袋过去，心里什么感觉？

好面子的人可能想挖个洞钻进去，对不对？

我们曾和一些婚恋网站合作，给一个旅行服务公司做活动，这个公司的人基本都是男程序员，日常生活除了工作就是打游戏，不怎么出来相亲，觉得单身挺好的；女员工也是，觉得和闺密聊聊天、逛逛街就挺好的，为什么要谈恋爱呢？

只有抓住用户的痛点，才能搞定用户。经过分析挖掘，我们的文案打出的点是：

明明你更好，为什么还单着？

文案一下子成功了，很多人看到的一瞬间就被勾起了内心的冲动，感觉自己好像真的应该去谈一场恋爱，然后就有很多人参加了相亲活动。

其实仔细想想，这个文案是没有逻辑的，你好不好和单身没有关系。但用户很少会去分析有没有逻辑，可能只是坐地铁时看了一眼这个广告，就勾起了他们内在的比较欲。

还记得你上铺的兄弟吗？明明你更好，为什么你还单着？

你都做了闺密几次伴娘了，什么时候你做主角啊？

很多人只关心你飞得高不高，你也想有个他关心你飞得累不累。

…………

痛苦源自比较，有了痛苦就有了需求。

无论是生活还是工作中，没有人甘于人后，当痛苦被激发出来，自然也就产生了需求。

本来你觉得单身没什么，自己一个人自由自在很好，但被这几句文案一刺激，你脑海中浮现出比较的画面，内心产生落差后，可能就感觉自己似乎应该去找个伴侣了。

用户被刺激到了，才愿意走出来，才愿意去交流。所以，文案的作用就在于，勾起用户内心的比较欲。

"剩男""剩女"也是商家制造出来的焦虑，本来你觉得自己挺好的，结果商家非要告诉你单身的人要么心理有问题，要么就是其他方面有问题才会被剩下，你可能为了证明自己没问题，就想去谈个恋爱。

这就是现实和理想的差距。

痛苦来自用户内心被勾起的比较欲，继而激发出他们深层次的需求。这就是痛点。

除了痛点，需求还和什么有关？欲望。

名为欲望的需求有三种。第一是一般需求，第二是核心需求，第三是隐性需求。满足一般需求，你只能生存；满足核心需求，你能发展；满足隐性需求，你能爆炸性增长。

什么是一般需求？举个最简单的例子，比如一家企业找广告公司做广告，一般需求就是广而告之。广告公司帮其宣传产品，做各种活动，提高产品的曝光度，就是广而告之。

什么是核心需求？企业的真正目的，是找到目标客户进行精准投放，提高其广告的收看率，让更多想买产品的人看到。

在这一点上，有一家叫分众传媒的广告公司很厉害。它是国内第一家全是广告、没有内容的媒体公司，在公交车、写字楼的电梯里你几乎都能看见它的广告。它的逻辑是什么？就是你在等电梯、坐电梯看哪儿都不合适时，就看这个电梯广告。

分众传媒在宣传时就告诉企业，你们不要投电视，电视一播广告观众就换台，但你们投放到我这里，收看率非常高，因为那时没有手机，人们在等电梯时很无聊，互相看也很尴尬，所以都会看广告，而且酒店、写字楼这些地方的用户购买力还很强。

传统公司的那套老体系与这一比，明显落了下风。

百度和字节这种互联网公司就更厉害了。它们是按效果收费的。你在它们那儿买广告，它们给你做投放，曝光率、点击率、转化率都可以给你按不同的费用设计，有了效果后费用越到后面越贵。它们就可以保证一点，企业投放的广告不仅有人看了，而且还能有转化。有看得到的效果，也就是满足了对方的隐性需求，企业当然很满意，并愿意付费。

能比他人更懂用户，也就能比他人赢得更多市场。

所以，广告就成了互联网公司流量变现的主要方式，甚至是最大的收益来源之一。现在很多耳熟能详的品牌，或者你在各大平台搜索时弹出来的前几名推荐，多数是平台推出来的。用户搜索是不付费的，但用户看到的东西是企业付费的结果。

总结一下，广而告之就是企业的一般需求，强制收看是企业的核心需求，按效果付费就是企业的隐性需求。

你能满足的一般需求，你的竞争对手也能满足，这只能让你生存；满足了核心需求，能得到发展的机会；而如果你连隐性需求都能满足，连客户没有表达出来的难言之隐都能察觉到，并且做到，你就能实现爆发性增长。

那怎么挖掘隐性需求？你需要了解需求升级。

比如你面向 B 端：面向企业端销售的产品，卖产品就是最基础的一般需求，价格实惠是重点；核心需求是帮 B 端客户实现招商和转化，能帮助其卖货；隐性需求就是提供给客户一个可持续发展的系统，持续帮客户轻松持久地赚钱。

如果你能逐步满足用户的这三种需求，你的企业离爆发性增长就不远了。

从来不缺付费的用户，只缺能精准击中他们痛点的商家。

你是吗？

07
这才是消费升级的真相

人人都想赚到更多的钱,为此使出浑身解数,但结果却不一定理想。**其实赚钱的逻辑很简单,赚别人看不见的钱。**

什么意思?我们可以看拼多多是如何崛起的。

拼多多于 2015 年成立,用了不到 3 年时间就获得了 3 亿用户,拥有百万级商家,做到月流水 400 亿元;猎豹电商发布的数据显示,拼多多于 2017 年就已经超越天猫、苏宁易购、唯品会、京东四大家,成为周活跃、渗透率仅次于手机淘宝的电商 App。

成为市值过百亿的公司,阿里用了 8 年,腾讯用了 7 年,拼多多只用了 3 年就做到市值 1800 亿元。所以,现在中国第一电商平台不是淘宝,不是京东,是曾经很多人都看不起的拼多多。

这让大家都很疑惑,是因为那两年经济不景气消费降级了吗?不,我认为没有消费降级,只是消费分层了。

什么是消费分层？

大部分人都在谈消费升级和消费降级，但我认为这些定义不够准确，应该叫消费分层。

黄峥说："消费升级不是让上海人去过巴黎人的生活，而是让安徽安庆的人有厨房纸用，有好水果吃！"他们不在乎品牌，不在乎 Logo，就是要买到便宜、实用又划算的产品。

人们对美好生活的追求是永远存在的，小镇青年难道就不可以消费升级吗？可能今天小镇青年能够喝上一杯星巴克或是 Manner 的咖啡，他就觉得消费升级了。

不管是一线城市的都市白领还是小城镇的大众居民，大家对美好生活的追求永远不会变。而拼多多正是抓住了中国巨大的下沉市场，为城镇居民的生活带来了改变。所以我建议专家们不要谈消费降级，这样不利于企业对市场的信心及创新。

根据 2022 年教育部发布的数据，中国接受高等教育的人口还不足 2.5 亿。另外，没坐过飞机的人口超过 10 亿，这说明中国有巨大的下沉市场。而黄峥就是看到了这片市场蓝海，看到了别人看不到的钱，赚到了别人赚不到的钱。

他说，拼多多并不想做第二个阿里，拼多多和淘宝是错位竞争，争夺的是同一批用户的不同场景，有错位才会成长更快。**你打你的，我打我的，与其更好，不如不同。**

我们常说，一个人的眼界，决定了他的人生高度。

真正决定拼多多成功的，不仅是黄峥的才华和能力，还有他对拼多多清晰的企业定位和决策逻辑。

想要成功，一定要比别人看得更高、更远、更准，精准发现数据、分析数据，看到更大的事件和群体，这样才能发现更大的市场和机会，做出真正理智和客观的决策。

为什么说读万卷书后，一定要行万里路？为什么我们看到很多商人在全国、全世界跑？这其实就是有全球化视野、格局的表现。

对于全球化视野，我前面提到过，软银的孙正义有一套"时光机理论"，即发达国家走过的路，发展中国家会走；而发展中国家走过的路，落后国家会走。

比如，美国互联网比日本先进，他就先在美国投资，等时机成熟后再带着美国的经验杀回日本，仿佛坐上时间机器，回到几年前的美国。

比如，三大互联网公司BAT[①]也都是对标而来的，百度对标的是谷歌，阿里对标的是亚马逊，腾讯对标的是Facebook。这些成功的商业模型，只不过是把国外的模式复制到了中国。

所以我说，未来一直都在，只不过历史分布不均。发达经济体经历过的事情，都是发展中经济体正在经历的。

---

① BAT分别指百度（Baidu）、阿里巴巴（简称阿里，Alibaba）、腾讯（Tencent）。

还有一个挺有意思的案例：现在有一个正逐渐形成规模化的产业——旧衣服回收。就是小商贩从社区、学校等各个地方回收旧衣服，批发给二手中转站，然后再由回收公司处理后出口，销往非洲、东南亚的欠发达地区。虽然听起来不起眼，但这背后是规模上千亿的大生意。

我真心希望企业家的眼光都放长远一些，不要只在国内"卷"，把已经验证过的、成熟的商业模式复制到其他发展中或落后地区去，你就领先当地人 3~5 年。

所以，在商业里，时间、空间的维度特别重要。用时间去换空间，用空间看到更大的时间。用未来的眼光看现在，做出正确的决策。

今天我们要做出正确的决策，是为了面对明天的问题。看得更远，看得比你做的拉高一个维度，这就是老板的思维。

永远多看一步，便是成功的一大步。

08
掌握全局系统的思维，才能看到本质、看清趋势

所有事物的本质往里推，推到原点都是一个东西。

在春秋战国时，东方智慧的思想高度可以说已经达到了顶峰，后续我们所了解的、享受的、创造的物质文明，基本上都是工具和技术的迭代。

为什么？

我们可以看看从农业文明到工业文明，目前一共经历的三次工业革命。

第一次是产业革命，让机器代替人力，实现了从传统农业社会转向现代工业社会的重要变革；第二次是科技革命，让电的应用更为广泛，信息通信业蓬勃发展，改变了人们的生活方式；第三次是数字化革命，以互联网为代表的信息技术不断成熟，经济性、便利性和性价比越来越高，让我们的生活越来越便利。

但这三次革命的本质，其实都是科学和技术的不断迭代。而我们对世界、人生、未来的思考，在诸子百家时期就已经被拉到了一个非常高的层次。

这也就是为什么现在我们会发现很多西方人都开始看《孙子兵法》了。因为可以洞察事物发展的规律和轨迹的智慧，早就存在了。**而本质的智慧，是可以横跨时间和空间形成世界级影响力的。**

掌握事物的本质，才能让我们对所有事物明察秋毫，成为掌控全局的高手。

当我们去追寻世界变化趋势和风口的时候，更要知道未来的 3～5 年里什么是最本质的，尤其是你所在的领域，什么是恒定的。我们做企业、带团队也是如此，也要时常抛开那些华丽炫目的口号、肤浅无益的形式，去思考本质和第一要义是什么。

很多企业家越学越不知道怎么管理团队，就是因为太在乎表面形式，缺乏系统性学习，这纯属丢了西瓜捡了芝麻的表现。所以老板出去一趟啥也没学透，回来就搞点新花样，结果治标不治本，这样的场景越来越常见，也让很多员工越来越害怕老板出去学习。

而有的老板从来都没去外面学过，但企业一样管理得很好，这是为什么？

道理很简单。

第一，方法和工具只是手段，目标和结果才是最重要的。

比如你昨天学了九阴白骨爪，今天学了九阳神功，现在有个蚊子落到桌子上，你会思考把它打死是用九阴白骨爪、九阳神功，还是要去学葵花宝典？不，你完全不会想那么多，一个巴掌就可以了，简单有效，产生结果。

因为我们需要的是解决蚊子的结果，所以方法和工具并不重要。

特斯拉的马斯克讲第一性原理，字节跳动的张一鸣推崇思维模型，亚马逊的贝索斯践行长期主义，其实不管用什么方法论，都是为了做出正确的决策。一堂好课、一套好的方法论、一套行之有效的底层逻辑，甚至一位好老师，都是一种工具，而这种工具的作用就是让你不断学习进步，变得更厉害。

所以在学习上，要避免本末倒置，对方法和工具过于追求或挑剔。你要做的是通过它们学到最底层的智慧和逻辑，直抵事物最本质的核心，做到以不变应万变。

第二，所有的学习需要具有系统性，必须由接收、内化、运用三个步骤组成，而不是一味地模仿复制，不然就是无用功，甚至适得其反。

内化就是要把在平台、在老师那儿学到的东西变成自己的逻辑，进化出适用于你自己的工具，否则所有的学习，最后可能也不会产生好结果，因为它不是你的。

我们经常看到很多老板今天跟华为学，明天跟字节学，各种各样的招数全盘套用，最后业务没增长多少，员工反被折腾得苦不堪言。

就是因为他们根本不知道问题出在哪里，需要怎么针对性学习和解决。

《系统思考》的作者丹尼斯·舍伍德说过：系统思考帮助我们打破原有的思维定式，纵观全局，看清事物背后的结构和逻辑，才能解决现实中的复杂问题。

作为管理者，更要避免碎片化学习，要建构起自己的学习体系，能在杂乱无序中透过现象看本质。因为一招一式的技巧，只能单点解决某个具体问题，而缺乏全局意识思维，往往还会带出新的问题。

学习，答案不是最重要的，重要的是解题的思路。

摒弃别人学什么自己就去学什么的低水平思维，学会系统化学习，才能不断优化自我认知，培养出全局系统的高水平思维，才能看到本质，真正地摸清趋势。

"花半秒钟就看透事物本质的人，和花一辈子都看不清事物本质的人，注定有截然不同的命运。"

希望正在读这本书的你，做真正的高手，看清现象，过本质人生。

> 用产业的眼光看行业，
> 用行业的眼光看企业，
> 用资本的眼光看产品，
> 用未来的眼光看现在。

认知篇

只有升维思考，才能降维打击

STRATEGY

战

战略篇

可以不会方法，但不能没有方向

战 | 略 | 篇

既要关注什么是变的，也要关注什么是不变的。

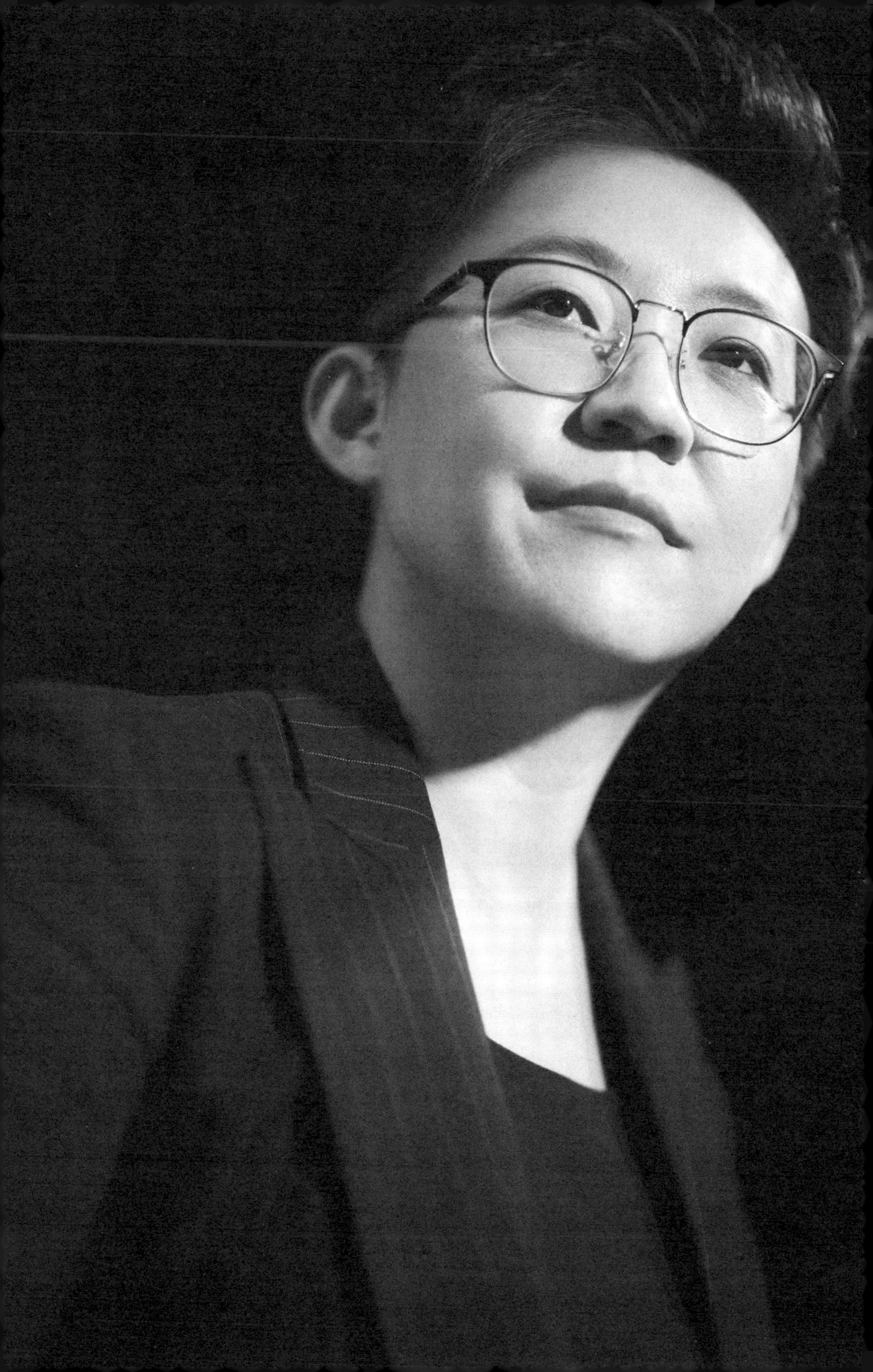

01
方法错了可以复盘，方向错了就是灾难

我有个学员是做高端羊毛衫和羊绒大衣的，有一次他问我，现在短视频是这个时代的趋势，他们也想通过做直播，让他们的产品被更多的人看到。开始播了几次，效果很好，单场直播的成交额可以达到一百多万，但是不知道还要不要继续做了。

我当时听了很疑惑，做得好好的，怎么就要停掉呢？

他说："我们做直播，相当于厂家直播直销，这样一来，自己的几十家加盟商不高兴了。我们一年产值一个多亿，这些加盟商占我们40%的份额，所以现在很犹豫到底还要不要继续自己做直播卖货。"

我很理解这个学员纠结的点，他的问题，归根结底还是战略方向的选择。不知道还有多少人记得曾经有个叫"雅虎"的门户网站。它的年营收曾经高达70亿美元，市值最高达到1250亿美元，长期稳居全球互联网龙头位置。但为什么最终销声匿迹了呢？

雅虎之前做的业务是将网上能搜集到的各大网站链接到索引项里，但是后来互联网时代到来时，人们已经不再满足于索引。

当时有个做自动抓取信息技术的小公司，想把这项技术卖给雅虎。雅虎如果有了这个技术，就可以让搜索引擎更加完善，但雅虎却不以为然地拒绝了。而后，利用这项技术出现了一个新的互联网巨头——谷歌。

后来雅虎想提升国内市场的竞争力，打算收购百度，但因为价格的缘故，雅虎放弃了百度。再后来，雅虎在与Facebook谈判过程中，后者已经接受了雅虎的报价，雅虎却在交易前夕打压价格，最终又让雅虎与Facebook失之交臂。

雅虎在战略方向上一错再错，最终导致高开低走的下场。而被雅虎错过的企业，如今也都已发展成为互联网头部企业。

有句话说，永远不要用战术的勤奋掩盖战略的懒惰。方向错了，越努力只会越吃力。老板一旦跑错了方向，所有具象的努力都没有任何意义。

我们回到这个学员的问题。中国羊绒衫和羊绒大衣的市场有多大？市场价值至少有百亿。为了几个经销商去放弃一整个巨大的市场，你去评估一下这个买卖到底划不划算。

当然是不划算。那为什么老板想做直播，底下的加盟商会反对？

其实，加盟商反对的不是做直播，而是反对你的动作触及了他们的利益。**如果你能给他们带来更大的利益，他们就不会在乎当下的利益。**

董明珠当时做直播，也受到了经销商的反对，但她在直播里做了一件事，叫作"一码加一券"。经销商让所有有价值的客户通过扫渠道码到直播间来，然后董明珠在直播间给大家榨果汁，介绍空调和各种产品，卖掉产品之后，"一码加一券"是可以追溯的，能够追溯出客户是从哪个经销商那里来的，然后再给经销商分钱，也相当于给经销商做了导流。

所以这种模式叫经销商做价值引流，董明珠做价值变现。

如果这个学员也能够通过打造直播间给加盟商带来更多的客流量，帮他们提高 GMV[①]，让加盟商在过去的基础上赚更多的钱，那他们还会反对吗？所以这才是说服加盟商的关键。

市场的蛋糕可以越做越大，我们不是跟经销商分蛋糕，我们要跟经销商一起把这个蛋糕做大。我们要做蛋糕，不是分蛋糕。

另外，我们还要想明白一个词，什么叫趋势？

不以人的意志为转移的，就叫趋势。

中国财富曾经历五轮趋势：第一轮是消费品的机会；第二轮是耐用品，比如白色家电的机会；第三轮是城镇化进程带来的房地产的机会；第四轮是互联网、移动互联网平台经济；第五轮大家都知道，就是现在特别火的硬核制造、黑科技、新能源、碳中和、虚拟世界和人工智能等。

每一轮趋势下，都有人有意识或无意识地踩中历史的节点，踩中时

---

① Gross Merchandise Volume，即商品交易总额，意思是成交总额（一定时间段内），多用于电商行业。

代的红利,从而乘势而上。我这个学员现在的模式叫传统模式,传统模式层层加价,经销商的反对其实从某种意义上来说也是没有意义的。为什么?因为互联网的商业逻辑核心在解决的一件事就是提高成交效率,电商的崛起干掉了多少中间商,厂家直接面向消费者,这是大势所趋。如果短视频"兴趣电商"、内容电商直播的流量还在增长,我自己不去顺势增长,而是让我的竞争对手去增长,**这不是一个方法上的错误,而是一次战略上的重大过失。**

有句话是"自杀叫重生,他杀叫淘汰"。我们天天研究有什么样的模式会干掉我们,与其让别人干掉,我们不如自己干掉自己。

所以我们要看懂什么东西代表趋势、代表未来,不要被当下的一些既得利益困住。而很多大企业,比如柯达、诺基亚,之所以都走了下坡路,就是因为它们有着很强的路径依赖性,没有看清未来的趋势,没有及时调整企业发展的战略方向。

你不会拍短视频、不会搞直播,那叫方法上的错误,没关系,学习改正、刻意练习就可以调整。**但是地图画错了,这是方向上的错误,你打的每场战役,都会将你送入死局。**

老板绝对不能犯方向上的错误,方向错了,前进就是后退。所以,方法错了可以复盘,方向错了就是灾难。

02
没有以终为始的顶层设计，
一切只是周而复始的生存

有句话是这样说的："有顶层设计，不见得企业一定能做得很好，做得很好的企业，一定会有顶层设计。"

就比如说小米。小米创立之初，雷军就给自己定了目标：做全球最好的手机，只卖一半的价钱，让每个人都能买得起。

那如何实现这个看上去并不靠谱的目标呢？首先是找人。

雷军在进行长时间的思考，对小米的发展模式构思了基本轮廓之后，在小米连产品都没有的情况下，就用了80%的时间找人，确切地说是找合伙人。他有目标地找到了7位跟他互补性很强的合伙人。而这7位精兵强将，有几位至今仍在小米任职。

雷军后来也说，小米的团队就是小米成功的核心原因。通过找人这件事，不难看出，小米在成立之初，顶层设计就非常清晰。

这也是他一贯的主张。他认为，做任何一个领域，都要先想透所处领域的局面，把未来想清楚，具体路径可以不必清晰，但方向必须清楚。

今天你手下的业绩、利润增长，其实全部都是可以设计出来的。**我认为顶层设计的核心，就是以客户为中心，以行业、产业为外部环境，以竞争对手作为参考标准，从而设计一个具有竞争力的解决方案，以及可以持续盈利的商业模式。**

而中小企业要做好顶层设计，需要围绕三个市场：商品市场、创业市场、资本市场。只要掌握这三个市场的架构，你就能打造出一栋完美的摩天大楼。

这三个市场的关系也是互相促进、互相影响的。**你要学会在商品市场做品牌，在创业市场做渠道，最后学会在资本市场做好增长模型。**

首先，在商品市场，很重要的一点，就是要会讲品牌故事，讲得让人信服。

美国一家著名的调查机构做过调查，美国的中产阶层和中国的中产阶层，每一周到家乐福和沃尔玛采购 80 个 SKU[①]，才可以过得很体面。但是家乐福和沃尔玛有 80 万个 SKU。所以，不管你喜不喜欢，你愿不愿意，我们今天都进入了一个买方市场，我们成了被客户挑选的对象，关键还是万里挑一。

---

① Stock Keeping Unit，一种库存进出计量单位，比如件、盒，定义为保存库存控制的最小可用单位。

你既不是客户的第一,也不是客户的唯一。那怎么能让客户选择你成为必然?

首先,你需要做好品牌。因为品牌的价值就是让客户选择你、搜索你。它自带议价资本、自带流量,又能让客户主动分享。

其次,在创业市场,你要想清楚赚钱的渠道。一个公司的估值跟你卖什么没有关系,跟你的渠道网络终端的数量有关。

百果园是2001年成立的,到2012年,还只有四五家门店。但从2012年到2019年,7年时间就发展了4000家门店。

为什么它的门店突然能开得这么快、这么多?

因为百果园想明白了一件事,叫:开店这事跟我没关系。它不再卖水果了,而是做卖开水果店这门生意。

从前,钱是制约门店扩张的根本原因,只有赚来了钱,才能不断地开店。后来百果园将开店的成本分摊给了员工,让员工成为自己的合伙人,做教员工开店的生意。总部只拿收入的30%,其他的70%都归员工合伙人。

那员工为什么不自己开店?

因为自己当个体户没有品牌支持,很容易倒闭,而和公司合作的成功率往往是最大的。所以,与其自己开店,不如做门店合伙人、员工合伙人,采用直营托管模式、同行整合模式。这样一套下来,门店赚卖货的钱,总部赚品牌的钱、供应链的钱、股权增值的钱。打通了这个逻辑,就玩转了创业市场，一下子就实现了企业的跃升。

再说资本市场。它其实跟菜市场没有多大区别。农贸市场卖的是琳琅满目的农产品；家乐福、沃尔玛卖的是琳琅满目的日用品；国美、苏宁卖的是琳琅满目的电器；资本市场卖的是琳琅满目的商业模式和企业。

平时卖产品的企业，设计、生产出产品后，先卖给省代（省级代理），省代再卖给批发商，批发商再卖给门店，门店最后才卖给用户。于是，产品的价格就涨了10倍，本来20元的东西最后可以卖到220元。

而资本市场的逻辑和这一模一样。

创始人把自己的点子卖给联合创始人，联合创始人再卖给天使投资人，投资人再将这个点子卖给A轮、B轮、C轮、D轮甚至更多，再卖给券商，IPO（Initial Public Offerings，首次公开发行股票）上市，最后卖给大众。

一个是卖产品，一个是卖股权。产品背后是企业对自身未来的规划，股权背后是投资人对市场未来的期望。

所以，一个成功的企业架构，就应该能在商品市场赚钱，在创业市场收钱，在资本市场让自己值钱。只有把赚钱、收钱、值钱的逻辑打通，企业才不会出大问题。

但现实是，很多创业者还没想清楚自己要做什么，就一门心思往前冲了。

我们做生意和盖楼这件事一样。如果只是做一个小作坊，那可以凭借你之前的经验直接做。但如果要把现在的企业做大，那肯定不能一拍脑袋直接修，需要先画图，再去设计。

可很多创业者都是不画图就开始盖摩天大楼了。盖着盖着，就发现一开始位置选错了。又过了一阵子，发现地基挖得不够深，得重新推了再挖。有的人盖到一半就想：我不应该建个酒店，我应该建个写字楼，或者建个公寓？又推倒重新再来了。

所以，有一个以终为始的顶层设计至关重要，没有顶层设计就没有未来。**如果没有以终为始的顶层设计，你所有的努力都只是重复。**

03
关注变的，更要关注不变的

我的合伙人曾跟我说过一个概念，叫"时间养老"。

这个词怎么理解？

现在的护工岁数都比较大，一般都是 50 岁的护工照顾 70 岁的老人，这个行业里年轻人是非常稀有的。

所以，有人提出"时间养老"，意思就是让三四十岁的青年，每周做一次义工，照顾老人，跟老人聊聊天，提供情绪陪伴的服务。之后，这次陪护就进入你的时间账户，等你老了以后，可以将这个时间换成给下一代的礼金，像你年轻时陪伴老人那样陪伴你。

这个想法非常有意思，生产的东西是人和人的连接，这个商业模式就出来了。

现在你也许觉得布局养老有点早了，但十年以后，也许风口真的就来了。**如果你的战略没有确定性，看不到什么东西是不变的，那你可能在十年以后错过风口。**

大部分人做生意分两种。一种叫追风口，小步快跑追风口。很多人都能看到风口和趋势，如果追不到第一轮，那就追第二轮、第三轮。还有一种叫等风口，等风口的意思就是通过对趋势的洞察和对未来的判断，有战略定力地去做难而正确的事，同时等待风口的到来。

但真正的高手除了关注这些变化、这些风口，他们最重要的是关注那些不变的东西。关注在三五年甚至十年以内，这个领域什么东西是不变的，以及值得他们去投资时间、精力在上面的事物。

所以，我们既要关注什么是变的，也要关注什么是不变的。

"股神"巴菲特就是一个典型，他并不否认积极拥抱变化也许可以赚到很多钱，但他依然关注什么是不变的。他说："我在投资中都是找'万变中不变'的东西，这样能把风险降低。"就互联网的情况而言，改变是社会的朋友。但一般来说，不改变才是投资者的朋友。

贝索斯也是一样。他曾说："人们经常问，未来 10 年什么会被改变？但从来没有人问：未来 10 年，什么不会变？在零售业，我们知道客户想要更低的价格，这一点未来 10 年不会变，客户还想要更好、更快的物流配送，更多的商品选择，这些都不会变。"

他认为，不管未来零售行业怎么变，用户需求是不变的，他们都希望花最少的钱买到最好的商品。这件事情过 100 年都不会变。

贝索斯讲的"不变"就是消费者的需求以及人性。围绕客户不变的需求，贝索斯和亚马逊始终坚持长期的视角，"把资源 all in（全部投入）在不变的事物上"。

所以在这个需求下，你能看到零售行业的趋势是什么样的。沃尔玛把美国零售业 20% 的毛利率变成了 11%，亚马逊把它变成了 7%，毛利率一直在降。这样的结果就是，你在亚马逊上买东西，发现几乎总是比零售店便宜，价格特别优惠，所以亚马逊就获得了大量用户。

有了大量用户，就可以整合很多供应商，然后要求供应商把产品的品质做好，再把性价比提到极致。因为产品的品质好、性价比高，又会吸引更多的客户。这就是一个增长飞轮。

贝索斯的底层逻辑是发现用户不变的需求，这就是商业的本质。所以关注变化只是工具手段，关注不变才是持久的关键所在。

什么东西是不变的，还涉及一个概念，叫**战略的确定性**。

什么意思？

回到我们开篇说的养老话题。很多人说，养老市场就是下一个风口。因为，随着老龄化、少子化越来越严重，养老一定是个问题。中国将会在不久的将来，出现大量的老年人，而这些老年人将会催生出各种养老需求。

需求，就是一种确定性的东西。那接下来要怎么做？

很多人一说养老产业就只知道养老院，但是真正能赚到钱的养老院并不多。你可以把思路打开，比如以后做一个养老院界的大众点评，进行横向对比，像价格、服务、品质、是否有虐待老人的情况，都让这个第三方机构来监督。这就是一个新的产品。

未来会是什么样，我们并不知道，为了应对不确定性，我们就得寻找确定性来作为行动的指向标。你要知道什么是不变的，然后用未来的眼光去看现在。

真正的高手，都会用战略的确定性，战胜市场的不确定性。

04
与其更好，不如不同，找到自己独一无二的价值

贝索斯曾把零售商分为两种：**一是想方设法多赚钱的，二是想方设法让顾客赚钱的。**

很多人做企业，其实就是奔着第一种情况去的。但真相很残酷：越想赚钱，反而越赚不到钱。

因为，商业的本质，是价值和价值的交换。想要收获价值，首先要创造价值。

做企业你只要考虑两件事：

第一，如何与竞争对手区隔开，创造与众不同的价值；

第二，如何无损耗地把价值传递出去。

先说第一件事。

有些人做事就喜欢先模仿后创新，觉得前人已经验证过了，走前人

走过的路大概率不会出什么错。

这是一种做事逻辑，不过这样做，你大概率做不长久。

德鲁克说，小企业的成功绝对不是去和大企业硬分一杯羹，而是它能够找到一个属于它自己的生态位，哪怕这个生态位暂时很小，但是它能在这个生态位里边取得某种领先地位。

试想，如果拼多多当初做跟京东、淘宝定位类似的产品，它还能活下来吗？

京东是自营生态位，打的是质量高、物流快、售后好；而淘宝是非自营，打的是品类多、价格低。它们的生态位不同，所以彼此都能活得很好。

那拼多多靠的是什么呢？它起初是从社交、低价、拼团的属性来开展业务的，它的消费者也大多分布在三、四线城市，不追求品牌，只追求性价比。

拼多多跟京东、淘宝之间就是典型的错位竞争，彼此都有自己独属的生态位。所以，在同样的条件下，做得比竞争对手好，这个很难，但和竞争对手做得价值不一样，这件事容易多了。

这也就是：与其更好，不如不同。

当你完成了定位后，接下来就要考虑传播，让更多人知道你。**业绩等于营销乘以销售，营销让更多人知道你，销售让更多人购买你的产品，这就是价值传递。**

作为创始人，我希望你能给公司提供无损耗的价值。

为什么说是无损耗？因为产品价值从你的市场部通过广告媒体到你的店员、店长、导购，最后再传递给用户，流程复杂，环节又多，所以价值传递损耗也很大。

如果产品价值在你这个老板这里是120分，到市场总监那里可能就是100分，到店长那里变成80分，店员只能接收到60分，用户接收的就变成了40分。整个价值在传递过程中是有损耗的。

谁都希望精准地、无损耗地把价值传递出去。那问题又来了，如何无损耗地把价值传递出去？

在旧商业时代，营销和销售是分开的，传播和销售渠道是分开的，传播和购买是分开的。

我们以前看到一个电视广告，无论是关于海飞丝洗发水的还是潘婷护发素的，这都是传播。用户当时看见了但是不一定能买得到，通常都是三天或者一周，甚至一个月之后在家乐福、沃尔玛买到这些产品。

这就是传统的传播，营销和销售是分开的，传播和销售渠道是分开的，传播和购买也是分开的。但今天在直播间，刷得到、看得到，马上就可以买得到。营销和销售合二为一，传播和销售渠道合二为一，传播和购买合二为一。所以商业的传播效率是在迭代的。

在今天的新零售时代，无论是直播电商、内容社区还是电商社区团购，产品都是和以前一样的产品，用户也还是同一批用户，但交易结构发生了变化，链接方式发生了变化，流量入口也改变了。

不仅线上的传递方式变了，线下的传递方式也在改进。

旧商业模式下，刚才提到的家乐福的货架都是到天花板的，特别高，很多人都够不到最上层。而现在的新商业模式下，盒马鲜生的货架只有以前的一半高，其中一个原因就是希望人和人之间可以沟通和交流。而且它一定要开辟出一个地方做餐饮，你在店里买了虾、蟹，可以加些钱让工作人员给你加工好，还可以在盒马里堂食。盒马不仅是为了挣钱，还是为了给用户提供有温度的体验。

现在做得好的线下店的核心都是提供有温度的体验，会让你觉得待在那里的时间非常有价值。

通过价值传递赚到了钱，接下来就要去分配价值。

你赚到了钱，自然要去进行分配。假设你赚到了1000万，这笔钱该怎么分配？分配在市场上，还是研发、设计上？如果分配给市场一部分，这笔钱用在线下还是线上？做传统电商还是兴趣电商？给员工做激励机制，还是给股东分红？这也是价值分配问题。

所有的企业问题都会聚焦在价值创造、价值传递和价值分配这三个阶段。

了解这个闭环以后，下一步你就要学会如何定价值。伴随定价值而来的，还有定传播渠道、定文化、定品牌故事。

下面我们就拓展地讲一下如何锁定人群、切准场景、解决痛点、讲好故事、创造价值、做好传播。新商业时代的打法就是这个套路和框架。

05
谁离用户越近，谁的价值越大

有些人逛高档商场的时候，可能会有个疑问：为什么有的奢侈品店，店员甚至比顾客还多，还没有倒闭呢？

在常人看来，门店处在黄金位置，就意味着高租金、高成本。

但实际上，很多高奢品牌入驻一个顶级商圈，议价权不在商圈，而在品牌。

有的商圈，为了让LV、香奈儿、爱马仕之类的奢侈品入驻，甚至愿意免三年房租，并承担装修费。而且，这些品牌还不会在商圈建成之后就入驻，而是等商圈的其他品牌都入驻好了，它们才姗姗来迟。

那为什么面对这种"强盗逻辑"，商圈还是宁愿承担暂时的亏损，也要让它们入驻呢？

因为这些品牌够值钱，因为它们是商圈的招牌。它们在的地段就是黄金地段，它们代表着商圈的 level（层次）；它们只要开着门，就能给商圈带流量，而不是商圈给它们带流量。

同样地，海底捞入驻一个城市、一个商场也是有条件的。有人会因为想吃海底捞，而顺便去逛一家商场；因为想逛一家商场，顺便去吃海底捞的人就比较少。因此，在很多品牌绞尽脑汁希望获得一些知名商场的入场券时，海底捞是被主动邀请入驻的那一个。

对于商场而言，海底捞入驻是很好的引流手段；而对于海底捞自身而言，它开在偏僻的位置也没关系，因为有些消费者会主动搜索"海底捞"并且找到门店。**海底捞的优势不仅仅是品牌的知名度高，还有品牌的强吸引力。**

一个企业从小做到大的标准，就是你在产业链、价值链当中，有话语权。你的商业模式是否成功，很重要的评判标准就是你在价值链中有没有话语权，有没有定价权。

谁更稀缺，谁就更有价值，就能掌握更多话语权。

现在我们进入了用户稀缺的时代。产品过剩，但是用户却没有那么多了，用户的选择也越来越多。**在用户稀缺时代，谁离用户越近，谁的价值就越大。**

2012年一部手机，把苹果送入了天堂，把富士康送入地狱。苹果的市值超过了谷歌，成为全球最值钱的公司，而同年富士康员工多人跳楼。

即使全球80%~90%的苹果手机，都是由富士康代加工生产的，但是用户买手机的时候，不会关心这个手机到底是怎么来的，用户只知道他们买的是苹果手机。

做终端、渠道、研发、设计、品牌，你就离用户近；做生产、制造、原材料加工，你就离用户远。

所以未来我们的中国制造就要变成中国创造，中国产品要变成中国品牌。而我们现在要做的就是离用户更近，未来掌握更多话语权。

统一和康师傅的方便面也是强在渠道，强在离用户更近。无论你做出一款怎样的方便面，标榜非油炸、零污染、不含重金属等，70%的终端货柜都在统一和康师傅手里，你"火了"别人也不容易买到。比如白象，火了之后线下依然很难买到。这就是没获得商业话语权的表现。

知名女鞋品牌百丽曾经走的也是这个路数。百丽在港股上市的时候，市值比国美还高，毛利率达到38%以上。

百丽不仅研发鞋、生产鞋，它还控制了中国女鞋线下的终端货柜。线下的终端货柜70%都在百丽手上。百丽做的是品牌集群加控制渠道。只要它觉得你的品牌好，就把你的品牌买了，主动帮你运营。如果不卖给它，你几乎没地方去卖。

然后它再去和王府井百货、太平洋百货谈，问："我到你们这儿卖鞋好不好？"它不是只有一个品牌在卖，而是可能要求一次入驻10个品牌。这10个品牌同时进驻。同时它提出各种装修、补贴的条件，如果商场不同意，那这10个品牌都不入驻。

得渠道者得天下。商业模式的本质就是争夺话语权。尤其是传统行业，渠道网络和终端的数量就是决定你地位的关键。这背后是什么？是用户。

谁离用户越近，就越有价值，就拥有更多话语权。

所以我们就能发现，商业模式的本质，就是争夺话语权。两个人做决定，最后你的决定就是听我的决定，你没有决定的话语权。

06
优秀的 CEO 都是顶级的营销高手

在互联网的下半场，靠广告、电视等传统媒介进行大众传播，已经很难带来用户信任，企业必须要找到新的与用户沟通的方式。

凯文·凯利有一个"1000 名铁杆粉丝"原理，讲的是一个艺人只要有 1000 名铁杆粉丝，就可以衣食无忧。当年樊登创办"樊登读书"（现更名"帆书"），最大的信心就是来自"1000 名铁杆粉丝"原理。

细数中国最优秀的 CEO，你会发现，他们都有鲜明的个人 IP，而且他们的 IP，都具有强大的商业力量。

提到罗永浩，很多人脑海里立马浮现出一个幽默诙谐、有情怀的"理想主义者"。他不管是做手机还是直播带货，都有人为他这个人买单，而不单单是为产品买单。

提到俞敏洪，我们就能想到一个真打实干、踏实、睿智的企业家形象。

不管他是做新东方教育，还是东方甄选带货直播，总有人一直支持他。

提到雷军，很多人就想到了他那句"Are you OK?"，他在大众心中的形象是实诚、随和、亲民的。每年他的年度演讲既是产品发布会，又是他营销自己的秀场。他也有一群忠实的"米粉"。

他们都凭借个人魅力，吸引了无数人跟随，甚至能一呼百应。

最好的营销方式是人与人的沟通，而如今，中国最优秀的 CEO 几乎都是顶级的营销高手。

为什么他们都这么重视营销？因为不管你的企业做得多大，都要面临一个最基础的问题：**怎么把产品更好、更快地卖给更多用户。**

而营销的本质，不是产品之争，而是认知之争。

即使是像可口可乐这样家喻户晓的大品牌，每年还要不停地做营销，来稳固品牌的声量。尤其是在产能过剩、竞争加剧的今天，营销是每个企业躲不开的话题。你甚至可以不考虑销售的方法，但一定要了解营销的思路，要思考营销的问题。

作为企业的创始人，你在建立公司之初，第一职责就是挖掘、寻找和创造空白。下一个空白市场在哪儿？下一个空白需求是什么？下一个空白渠道怎么找？

当年牛根生在内蒙古创立蒙牛的时候，伊利已经是当地的乳品行业老大。想从老大那里分蛋糕，就得别出心裁地做营销。

牛根生就特别会做营销，他在广告板上写"蒙牛甘做内蒙古第二品牌，蒙牛向老大哥伊利学习"。这看似是俯首称小弟，实则是巧借伊利的名气谋上位。后来，蒙牛还在包装盒上印上"向伊利学习，为民族工业争气"的口号。这些举动，都非常具有杀伤力，也让蒙牛在乳品行业快速取得了话语权。

而近两年的高考季，蒙牛又借势营销，推出一款"押题奶"，将题目印在包装盒上，广告语也非常接地气：蒙什么都牛，做什么都对。营销有新意的同时，也让产品变成了社交媒介，引发了全民讨论的热潮。

真正的营销不是直接卖东西，它是润物细无声的，然而它能胜过大张旗鼓的销售。

另外，作为创业者，你还需要思考一下你公司的"入口"是什么，和其他的公司有什么不一样。

我们发现，现在阿里的入口是电商，腾讯的入口是社交，字节跳动的入口是信息分发，抖音的入口是短视频，美团的入口是外卖。即使是像阿里和腾讯这样的大企业，入口完全不同，一个是电商，一个是社交，两个公司仍然打得死去活来。

阿里用了7年时间构建了由上亿银行卡用户组成的"护城河"，用了7年时间把这些用户的钱包绑在自己的支付宝上。可腾讯，只用了7天就瓦解了它7年的"护城河"。

腾讯是怎么做到的？因为微信。通过春节抢红包这个动作，直接用7天时间就让上亿的用户把自己的银行卡绑在了微信上。

那一年阿里的办公室挂着这么一句话，叫"把企鹅打回南极去"。在微信支付之前，中国最大的第三方支付平台是支付宝。它们都在做互联网金融，都在做支付，通过电商、社交等入口，都完成了互联网在金融领域的介入。这就是一套"组合拳"。

所以，你要靠产品组合赢得天下。

其实没有新用户这一说，你的新用户都是别人的老客户。

以这个思路你就知道了，当今社会中你做任何事情都要获取用户入口，设计用户为王的产品，打造入口平台和生态，用产品组合来丰富收入。这样长此以往，你就在无形之中获得了用户裂变。

瑞幸当年能够快速占领市场，凭的就是"邀请好友喝一杯"，而拼多多也是从邀请好友"砍一刀"快速崛起的。

用户裂变就是当今时代成本最低、效果最好的营销。

当下，中国缺的不仅仅是卓越的产品，更加稀缺的是像雷军、罗永浩、俞敏洪等这样追求卓越又精通营销的顶级企业家。

一句话，没有一个优秀企业家是不懂营销的。

不懂营销的老板，不是好老板。

07
未来企业的竞争，是商业模式之间的竞争

星巴克靠什么赚钱？很多人可能想当然地觉得一定是咖啡。

但这只看到了产品本身，没有看到这家公司的商业模式的不同。星巴克卖的不仅是咖啡，卖的更是第三空间。

别的咖啡馆房租成本大概是 25%，而星巴克只有 5%～10%。星巴克 2/3 的利润来自房东的返租。因为它通过做咖啡打造了一个品牌。星巴克在哪里，哪里就有流量，所以你开咖啡厅是不赚钱的，但是星巴克开咖啡馆是赚钱的。

为什么会这样？

因为星巴克有强大的租金议价能力。星巴克来了之后，就会把别的商家也带过来。有星巴克的地方就有人流量，有人流量，商业地产的价值就会提升。因此，商圈可以不赚星巴克的钱，商圈可以赚星巴克旁边

铺子的钱，让旁边的铺子增值租给别人。

所以你以为星巴克赚的是咖啡的钱，但其实星巴克赚的主要是房租的钱。

那蜜雪冰城靠什么赚钱呢？

可能你会回答，靠卖奶茶，靠薄利多销。表面上看，蜜雪冰城赚的确实是消费者的钱；实际上，它赚的是加盟商的钱。蜜雪冰城现如今是中国门店数量最多的茶饮品牌，它走的是加盟模式。你想开蜜雪冰城的店，需要从总部采购食材、设备、耗材等。根据招股书，光食材这一项，就占了蜜雪冰城主营收入的70%左右，三项叠加营收占比近94%。因此，即使蜜雪冰城的产品价格很低，这样的模式也让它没有盈利的困扰。

这都是商业模式的创新带来的收益。

如果一个企业的商业逻辑是一座冰山，我们能够直接看到的是冰山以上的东西，这些只是产品和服务。那些水面以下我们看不到的部分，是商业的交易结构，复杂点说，就是企业的商业模式或者交易系统。

若你和你的竞争对手产品一样、服务一样、交易结构一样，这就叫同质化。你们的产品一样、服务一样，但是你们的交易结构不一样，这叫商业模式创新。

超级猩猩最高峰的时候完成了3.6亿元的融资。这两年因为疫情，健身行业，尤其是健身房受到的冲击非常大，但它却做到了逆风飞翔，一路蹿红。

我们知道，健身房的获客方式很单一，要么打广告，要么就是拿出各种各样的优惠券，让一群健身教练在自家门口做地推。通过各种促销、打折、免费试听课邀请客户去健身房体验，体验以后就推销自家的健身卡。

这一套流程看着没什么问题，但仔细想想就能发现背后的隐患。如果健身卡越发越多，健身房的用户也越来越多，大家都到同一个地方健身，就会出现一个弊病：体验感变差。因为健身房容纳不下那么多人。

所以商家其实一开始就在赌一件事，就是他把健身卡卖给你，但希望你不要经常来。如果每个持卡的用户每天都来，这个健身房可能就开不下去了。

但用户购买了产品，又不能持续来消费，这说明你并没有给用户真正的服务，那他们自然不愿意长久地回购，也无法建立信任。这就是传统健身房的痛点。

而超级猩猩不同。它的创始人也是个健身爱好者，他发现去的每个健身房都会给他疯狂推卡，推到他绝望为止，用户体验很不好。他发现了这个痛点，就想能不能做一个不推卡的健身房。

于是他就创立了超级猩猩，创立了一个不推卡的健身房。

他通过线上打造极速化平台，用小程序、公众号获客，做了很多线上小程序的营销。你只要在小程序上下单，就可以上各种健身课，而且不用办卡。

一节课可能是 69.9 元或 79.9 元，打折的时候还有 39.9 元的课，用户上起来没有负担，不用花几千块去买卡。报完之后下次再来，复购率极高。作为超级猩猩的健身教练，他们的压力也变小了：他们不需要卖卡了，只要把课上好就行。来上课的小伙伴还可以加社群，分享自己的经验，认识新的朋友。

超级猩猩就这样形成了一套非常完整的获客及运营流程。通过线上获客，用户到线下门店上课就完成了交付，再由用户加入社群沟通，实际上这就是让用户自己去做社群运营，然后再让老学员带新学员，最后实现老学员的复购。

超级猩猩的商业模式就是一个在新商业时代，完成天网、地网、人网布局的绝佳模式。这样的商业模式非常新颖，解决了之前传统模式的用户痛点，又结合了新时代的互联网获客、运营渠道。

商业终局思维始终是围绕人的。模式设计的本质是抢夺人的同时，再抢夺人的时间和空间，即完成天网、地网、人网的布局。

所以当产品的竞争走到了极致，我们就要拼交易结构，拼商业模式，而我们经常说的企业的竞争，最后变成了商业模式和商业模式的竞争。

08

企业想要基业长青，一定要不断"生儿子"

一个企业想要基业长青，核心就是创新。

你要不断地创新技术、创新产品、创新模式，才能保证企业持久的生命力。

这里我要分享一个概念：第二曲线。

第二曲线是指，企业面对未来的新技术、新消费者、新市场所进行的一场彻底的、不可逆转的变革，由此展开的一次全新的企业生命周期。

第二曲线是企业长青的关键，因为一个产品、一项业务、一项技术等，都是有生命周期的，而再大的公司，都会面临生命周期走到尽头的问题。**企业只有不断发现新的竞争力，才能在竞争日趋激烈的市场中生存下去。**

我们从巴菲特几次减持可口可乐的股票就能看出来，像可口可乐这么大的公司，现在依然面临很大的挑战。

因为现在人们注重健康管理，对糖都比较抗拒，所以像元气森林这种无糖或低糖的饮料在年轻群体里非常火爆，0糖、0脂、0卡，还卖得不便宜。而可口可乐是世界上最大的糖原材料供应商，因此可口可乐要发展像元气森林这样的无糖饮料很难，它背后的利益集团太强大了。

所以，任何产品都是有生命周期的，不可能卖100年。**企业想要基业长青，就要有自己的第二曲线，要做成一个创客型、创新型组织。**

现在几家知名的企业就深知这个道理。

2014年时，互联网金融圈有"三匹马"，分别是阿里的马云、腾讯的马化腾和平安集团的马明哲。这三匹马里当时谁的公司市值最高？腾讯的马化腾。

腾讯的估值高，是因为马化腾推出了一个叫微信的产品，从此微博大火的时代结束了，微信时代开始了。三大互联网公司BAT从最早的PC端跨越到移动端，腾讯第一次成为几家互联网公司里市值最高的公司。

当时大家都在吹腾讯，马化腾可能在想：你们不要吹我，我经常晚上醒来一身冷汗。想到如果微信不是我们的，是别人的，那现在QQ在哪里？

因为微信是即时通信产品，第一个干掉的就是QQ。在此之前大家都用QQ，而有了微信以后，除了发一些重要的文件，用QQ的次数越来越少，微信朋友圈代替了QQ空间。

腾讯这样做是自杀，也是重生。因为如果是别人做，就是他杀了，它面临的就是淘汰。QQ是腾讯的第一曲线，而微信就是腾讯的第二曲线。

抖音又是怎么来的呢？

抖音现任的CEO张楠很擅长做增长和运营，她发现今日头条上越来越多的用户不看文字，只爱看视频，就去想能不能做一个只有视频，没有多余图片和文字的信息化平台。所以他们一下做了火山、西瓜和抖音三个平台，就看哪个能起来。

然后抖音接替了今日头条，成为字节跳动旗下的王牌。

如果说今日头条是他们的第一曲线，抖音就是第二曲线。**任何企业的技术、产品、模式都是有生命周期的，所以必须创新和迭代。**

那第一曲线和第二曲线，有没有联系？我们来看看苹果的产品曲线。

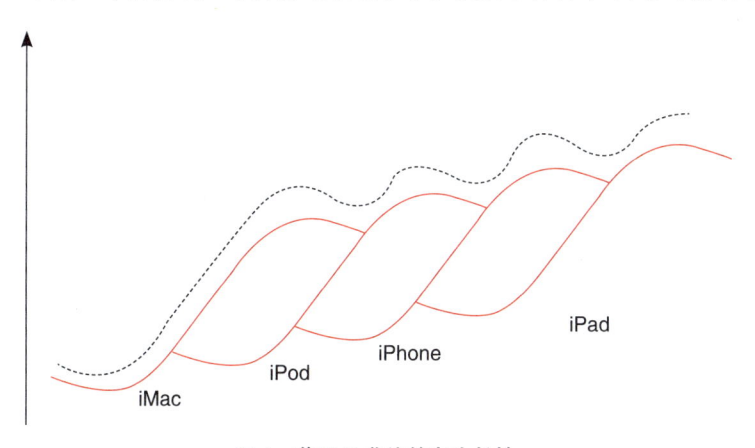

图1　苹果S曲线的自生长性

从一开始的 iMac 到 iPod，再到 iPhone，再到 iPad，它的增长曲线不是直线的，而是曲线的，不是连续性的，而是非连续性的。

因为任何业务都有一个投入期，成长期以后有成熟期，然后进入衰退期。所以每个企业都要不断地创新，不断地投入，创造自己新的第二曲线。

但做第二曲线时，要明确转型不是转行，核心在于要么做资源的平移，要么做能力的平移。你曾在一个领域当中积累了什么资源，如渠道、客户、人才、技术等，这都是再次增长的基础。

如新东方，因受疫情和政策的影响，2021 年股票暴跌近 90%，2022 年股票却出现几个涨停板，靠的是什么？是短视频和直播的红利，但更多的是员工过硬的综合能力。新东方本来就要求老师上课时要讲笑话和段子，不只要讲课，还要活跃课堂氛围。老师本来就具备这样的能力，俞敏洪把这个能力平移到了直播间。

如美团，它的第一曲线是团购，第二曲线是外卖。但它的资源是一样的，因为团购叫到店，外卖叫到家，资源都是用户和商家，所以资源是平移的。

我也是如此，我为中小企业做培训，讲了 18 年线下课程，现在是将这 18 年讲课的经验积累高度归纳总结，厚积薄发，然后把这种能力平移到了短视频和直播间，借助了时代的红利，所以实现了一次非常大的跨越。

说完第二曲线的重要性,我想讲讲该在什么时候布局第二曲线。

任何业务都有一个破局点,一开始要投入,然后不断调整需求、不断试错,达到破局点之后就能快速增长。增长以后你就再加大投入,直到遇到一个拐点,拐点之后增长就有所减缓,最后会到达一个极限点。

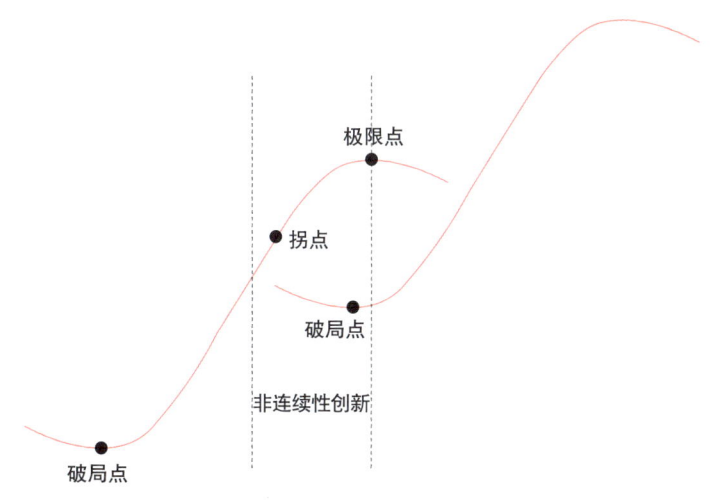

图 2 第二曲线的最佳启动期

拐点就是做第二曲线的最佳时机。在你的第一曲线高速增长,还没到达拐点之前,你的第二曲线就可以开始投入了。这样当第一曲线下滑的时候,第二曲线就能顺利接过来。

千万不要等你的第一曲线业务开始下滑、衰退以后,再去布局第二曲线,这已经来不及了。那时团队的士气已经低迷,资金也开始短缺,怎么能做好创新?

腾讯不是在QQ不行了才去做的微信,而是在QQ如日中天的时候。马化腾判断互联网一定会从PC端跨到移动端,判断手机以后主要是"用来上网的",才开始做的微信。抖音也是在今日头条如日中天时就布局好的。

因为,任何产品都有个试错的过程,只有在有充足的资金、士气高昂的团队、大好的前景时,才有做好第二曲线的可能性。

这就叫居安思危。

所以,一定要在第一曲线如日中天时,就开始布局第二曲线,它有可能是个新产品,也有可能是新业务、新模式。

总之,企业想要基业长青,一定要不断"生儿子"。

> 方向错了,
> 前进就是后退。
> 方法错了可以复盘,
> 方向错了就是灾难。

战略篇

—

可以不会方法,但不能没有方向

METHOD

方法篇

通往高手之路

方 | 法 | 篇

真正的高手，都在做减法。

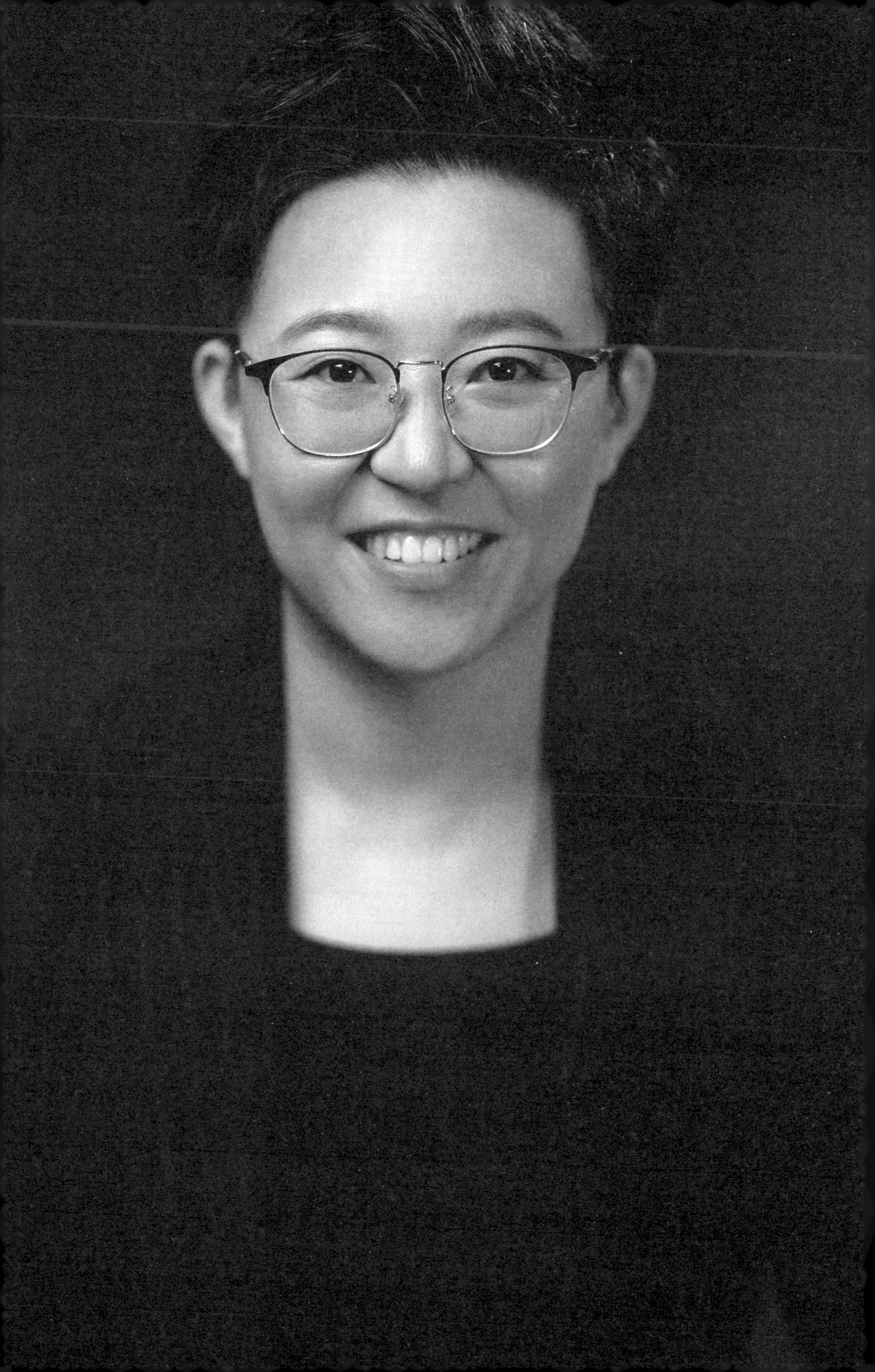

01
高手都是做减法的

当你想点外卖时，就会想到美团、饿了么；当你想喝可乐的时候，就会想到可口可乐；当你想喝咖啡时，就会想到星巴克、瑞幸。

为什么会这样？

这都是因为品牌经过长期的宣传，在消费者心中植入了相关认知。消费者只要有相关需求，就会想到这个品牌。

当品牌牢牢占据消费者的心智，甚至成为这一品类的代名词时，品牌就拥有了核心竞争力。而我们想做成一个品牌，本质上就是去占领用户的认知。

杰克·特劳特的《定位》这本书就回答了这个问题：**定位的核心就是抢夺用户的心智资源。**

因此，当我们去判断一个品类还有没有机会做成品牌时，**第一个标准就是看这个品类里的认知有没有空间，是不是被占完了。**

像我们熟悉的海飞丝、潘婷、飘柔、沙宣、霸王等等，无论是柔顺、去屑、护发还是防脱发，95%的洗发水功能都是一样的，但它们给消费者带来的认知却是不一样的。

现在做洗发水的品牌特别难，原因就是洗发水品牌的认知几乎被占完了。一跟用户说洗发水，大家头脑中都是上面那些大品牌。

还有什么牌子？

已经很难想到了。所以在这种认知已经几乎被占完的情况下，你再做一个品牌，难度就非常大了。想要做得不一样，也不是一拍脑袋就定下来了。**首先要去选择正确的定位，给用户准确的认知。**

那如何给用户建立准确的认知？有三点。

第一，在功能上做减法。

以空调举例，有的空调宣传自己出风快，有的是制冷快，有的能除甲醛，有的说自己静音、无噪声，有的说自己省电：每种空调强调的都不一样。这里你一定要明白，切忌"贪嗔痴"。

功能一定要聚焦，不能什么卖点都想要。什么卖点都想要，就什么都卖不好。

之前有个学员跟我说，他们是卖灵芝茶的。他跟我说："我们的灵芝茶很好，能提神醒脑、助眠安神、抗衰养颜。"

我就觉得很矛盾，一个产品怎么能又提神醒脑，又助眠安神？但这恰恰是很多企业都会犯的毛病。他们巴不得把产品卖给所有人，满足所有人的需求，这就是贪嗔痴。

高手都是做减法的。

高手是看你能不能清晰地告诉别人你是做什么的，你的特长是什么，就只聚焦一个点。

那如何找到产品的功能属性？你需要先想清楚，你的产品到底想解决什么问题。同样是搜索，你分别打开百度、谷歌和其他门户网站，感觉就是不一样的。百度、谷歌只会给你展示最重要的搜索功能，其他的都放在不显眼的位置上。

最简单直接的，也是我们最需要的。

第二，用户的痛点就是创新的原点。

王老吉年销售额从200万涨到200亿，包装没变，配方没变。原来的广告语叫"健康家庭，永远相伴"，这都没给人留下什么印象，太泛泛而谈了。

而后来变成了"怕上火，喝王老吉"，场景一下子就清晰了。它没有告诉你上火了要喝，因为比起已经上火的人，还是怕上火的人更多。

这个人群定位特别清晰，就是经常去火锅店、烧烤店、油炸食品店用餐的客户。而且定位就是中国人，因为外国人是没有"上火"这个概念的。改了这个广告语以后，它一下子变成了中国驰名品牌，年销售额增加到200亿。

所以你的产品卖不好，可能和产品本身无关，而是因为消费者对你

的产品认知不清楚，甚至毫无认知。

第三，顺应用户的认知。

树立认知的时候，也不要随便挑战用户的一贯认知。你一定要学会顺应用户的认知。

我记得多年前太阳神有一款牙膏，号称能减肥，没人相信。这就太挑战用户的认知了。

认知是把双刃剑，一旦形成就很难改变。比如霸王防脱洗发水火了以后，它的团队觉得自己的配方既然是中药，那么也可以用在其他方面，于是就做了一款凉茶，结果卖得特别差。为什么呢？消费者说，怎么喝这个凉茶都有一股洗发水的味道。这就是用户对你的品牌认知已经固定了。

还有一家叫"俏江南"的餐厅，乍一听你会觉得它是家主打江南菜的店，但实际上它是做川菜的。那消费者要记住这家店，就增加了很多理解成本。

分众传媒的创始人江南春曾多次强调，**成功的品牌就是第一个打入用户心智的品牌。**

商战的核心是认知战，谁抢占了用户心智，谁就抢占了市场。

02
聚焦一个群体，切准一个场景，解决一个问题

袋泡茶领域有这样一个新锐品牌：茶里（CHALI）。

它是2013年才成立的，但短短几年，它就已经占领消费高地，成为国内袋泡茶领域的头部品牌。

以往在中国人心里，喜欢喝茶的都是上了年纪的人，也会觉得袋泡茶比较低端，是茶的边角料，口感也不好，国人不喝这种茶。现如今，袋泡茶却是除咖啡之外，最便携、最快捷的茶饮选择。

在茶里看来，青年一代不是不爱喝茶，而是喝茶的需求随时代发生了变化，中国市场缺少一个真正懂年轻消费者的茶饮品牌。于是茶里就抓住了这个市场空白，做了高端袋泡茶，把定位场景切得很清楚：都市白领、城市精英，让他们早晨元气满满，下午提神醒脑，晚上减脂助眠。

因为场景切得够清晰，它也就更容易抓住消费者的心。

聚焦一类人群，切准一个消费场景，这也是做品牌需要思考的重要维度之一。我们要明白自己是在服务哪一个特定的群体，不用担心这个群体是否广，做得广不如做得深。

以最近很火的咖啡举例。咖啡这两年在中国很受资本的青睐，而几个知名的咖啡品牌几乎都是从上海出去的。虽然都是咖啡，但它们的使用场景几乎都是不同的。

比如雀巢咖啡，你觉得很难喝，但人家是想让人们在火车、飞机上开会的时候喝，要的是便捷、快速，没想要好喝。这就是它的场景。

而星巴克从1971年创立之时就明确告诉你，它卖的不是咖啡，而是办公室、家以外的第三空间——为都市白领、城市精英打造的一个社交空间，卖的是一种生活方式。这两年星巴克最大的挑战是什么？就是这个"人设"。

曾经我们认为白领拿着苹果电脑，午后在星巴克约朋友就是都市精英了。但现在你可不见得会这么想，你可能觉得喝一杯手磨的小众咖啡才是精致生活的体现。星巴克的社交场景受到了冲击。

和星巴克把店都开在王府井、太古里等流量大的地方不同，瑞幸把店都开在商场的犄角旮旯儿，或者开在写字楼的二楼，都是不起眼的地方。

2020年，瑞幸因财务造假，股价暴跌近80%，甚至一度有传言瑞幸要倒闭了。但现在瑞幸不仅没死，还活得很好。2021年瑞幸的营收几乎翻倍，门店不仅没有减少，总数量还超过了星巴克。

瑞幸真的这么赚钱吗？实际上，瑞幸每卖出一杯咖啡就亏 7 块钱，它并不靠这个挣钱。瑞幸靠朋友圈和小程序引流，通过咖啡作为入口圈引来了一群年轻用户，再根据这类年轻人卖周边其他产品、服务，包括卖烘焙产品、品牌周边产品等。

有句话说，把握了年轻人，就是把握住了未来。而瑞幸就很会把握年轻人。

瑞幸为了吸引年轻人的注意，会持续活跃在年轻人聚焦的平台上，比如小红书和 B 站，一遍又一遍地在年轻人的心智中刷存在感。

同时，在营销上，瑞幸也处处投年轻人所好。当很受少女喜欢的高冷偶像利路修爆火时，瑞幸请他担任冰咖推荐官。这波合作更是让瑞幸圈粉无数。跟其他品牌跨界合作的咖啡饮品——生椰拿铁，也在 2022 年夏天爆火。生椰系列单月销量超 1000 万杯，刷新瑞幸新品销量纪录。

所以这些咖啡品牌的受众人群不同，商业模式不同，盈利模式也不同，这都是场景的不同。

而只有明确了场景，你才能做出针对特定群体的解决方案。

未来大众市场是没有机会的，要做就要做分众市场，甚至可能是做小众市场。

云南的薇诺娜就是非常好的例子。它的研发人员是从滇虹药业出来的一个团队。护肤这个赛道太大了，他们说我们不做普通护肤，要做问题肌肤的护理。问题肌肤涵盖面也太大了，他们不做抗皱、不做祛痘，只做一个细分赛道，就是敏感肌护肤，做舒敏的。就这样一个细分的领域，就有千亿市值。

也许你会有疑问，舒敏这个赛道是不是太小了？其实他们是先定性，然后去定量，再查数据得出的结果。

薇诺娜团队调查发现都市白领里皮肤过敏问题非常常见，因为很多白领工作压力大、周边环境污染大，脸上又擦了太多东西，皮肤屏障容易受损。即使是正常肌肤，也有可能经历皮肤敏感的时期。所以研究透了以后，发现这个市场还是很可观的，他们才继续坚持了下去。

总之，要先定性，再定量，然后去看数据。数据思维是一定要有的，否则你的战略决策失败概率非常大。这个方法能在很大程度上帮你缩小你的目标赛道范围。

03
品牌不是你是谁，
而是你让用户成为谁

80后、90后可能都知道一个叫"达芙妮"的女鞋品牌。曾经，爱美的姑娘们几乎人脚一双，如今却很少有人愿意提起这个品牌。

为什么？

这个品牌本来是卖给都市小姐姐的，但后来宣扬"漂亮不打折"的达芙妮，几乎一年365天都在做打折促销的活动，结果就是菜市场的阿姨买菜时也可能穿着达芙妮。

想象一下，你化着精致的妆容，拎着一个漂亮的包包，穿着一双达芙妮的鞋子。结果你发现菜市场的阿姨跟你穿的鞋子一模一样，你会是什么感觉？所以后来买达芙妮的小姐姐就少了。

卖产品的人总想把产品卖给全天下所有的人，但是品牌只能为特定的人群服务。

因为，品牌是消费者人群的自我身份认知和自我身份认同。为所有人服务，就相当于无法服务任何人。

网上有很多段子，讲品牌的鄙视链。说开奔驰的叫城市精英，开宝马的叫暴发户，开奥迪的是体制内的人，凯迪拉克的车主最爱去夜店。

为什么这样的段子会引发群体共鸣，被广泛传播？

这就说明任何一个品牌背后都有一种身份认同感，都是对一个群体的识别。

DR 钻戒的广告词是"男士一生仅能定制一枚"。如果一个男人，给他女朋友买了 DR 钻戒，就代表这个男人有担当、很专一，已经决定了和那个女孩共度余生。

这同样是品牌给消费者传递出来的身份认同，你买了，就代表你是怎样的人。

做品牌，本质上并不是告诉用户你是谁，而是你能让用户成为谁。

美国有一款矿泉水叫 Life Water，它的地位跟中国的农夫山泉一样，销量非常好。跟其他品牌的矿泉水一样，一瓶 500ml，但诡异的地方在于，它只装了半瓶水。

看上去买这样的水性价比不高，但为什么这样的水还卖成了龙头老大？

因为旁边写了一个广告：你只需要半瓶水，另外半瓶水，我替你捐给了非洲的缺水儿童。

这样一来，品牌形象的光辉度瞬间"爆棚"，一下子俘获了消费者的心。如果说喝水解渴叫生理需求，喝了不生病是安全需求，那喝到做慈善，就是满足了自我实现需求。当一个人拿着 Life Water 从超市出来，品牌让他成了一个关心非洲的缺水儿童的人，一个有善举的人，一个有爱心的人。

让用户有高光感，有自我价值的满足感，买了你的产品走路都带风，这才叫品牌。

所以，我们可以理解为，品牌就是为了看见用户的潜在需求，挖掘用户的内心价值感，从而让用户满意。换句话说，品牌的成功与否，在于品牌能否与用户建立良好的需求满意度。

做品牌，就是让用户成为他想要成为的人。

2021 年，因为河南灾情，沉寂已久的鸿星尔克再次爆火。大家纷纷涌入鸿星尔克的直播间，见什么买什么，有什么买什么。夏装卖光了就买羽绒服；鞋子不合适也要买回来；衣服卖光了，布料也要买。

库存不够了，网友不但不退单，还硬核回复："又不急，大不了明年穿。""货我就不退了，没衣服直接给我寄个吊牌就行。"直到系统招架不住网友的热情，被买得垮掉了，大家这才停止购买。

鸿星尔克的 CEO 在直播间呼吁大家理性消费，下面的用户说："凭什么理性消费？你敢野性捐款，我就要野性消费。"当时鸿星尔克已经出现企业亏损，网友调侃，连微博的会员都充不起，这个品牌居然还去给河南捐了 5000 万。

所以鸿星尔克爆火的背后是什么？

用户在它直播间抢购的时候，抢的根本不是一件衣服，抢的是对品牌的价值认同。

用户在证明一件事：我要用我的行动去支持这个朴实的企业家、支持这个品牌。它在满足用户的一种情感：我也是一个爱国的青年，我也要支持这样朴实的企业和企业家。虽然这不是鸿星尔克有意做的营销，但实际上，鸿星尔克这个品牌已经和做慈善、爱国情怀绑定在一起了，用户买它的鞋，也就反映了用户是怎样的一个人。

所以做品牌不是告诉用户你是谁，而是你让用户成为谁。

劳斯莱斯让用户成为贵族，劳力士让用户成为成功人士，奔驰让用户成为城市精英，那你的品牌能让用户成为谁呢？

04
你以为的痛点不是痛点，真正的痛点是难以启齿的

雷军在演讲中曾说他在第一次遭遇重创时，得到的感悟是：哪里有客户痛点，哪里就是你生意的机会。

《定位》作者之一杰克·特劳特也强调：找出用户痛点，决定了一个产品的定位甚至生死。**定位解决了，产品一半的问题就解决了。**

但很多人都不清楚用户的痛点怎么找。

为什么？因为很多人把营销和推销弄混了，只是一直讲产品怎么好，没有切实挖掘用户真正的需求，还处于销售的阶段。

营销是什么？

先定义客户，搞明白你为谁服务，再定义痛点，然后定义价值，最后定义产品，这个顺序一定不要错。

那到底什么是痛点？用户在购买产品时，他要去实现一个任务。

比如说有个人要买房子，他是要实现居住的任务和目标。在购买的过程中，他会考虑很多问题。首先，这房子物理属性上是不是安全的，地段是否交通便利？其次，金融属性上，这房子能不能做到资产的保值甚至增值？最后，住进来以后，教育、医疗、生活是不是便利？如果是中介提供服务，是否可靠，会不会给资金带来风险？

就这样，客户在购买时有无数次疑惑，无数次犹豫，他的钱就那么多，他怕选了某个房子之后不满意。这就是痛点，但他不一定会全部讲给你听，这些就是需要你去"洞穿"的。

洞穿用户的真正痛点，掌握用户购买产品背后的逻辑，就能激发用户的成交意愿。

所以，你必须想明白：你以为的痛点就真的是用户的痛点吗？

不一定。

乔布斯说过一句话：不要去问客户需要什么，也不要问痛点在哪儿，第一他讲不清楚，第二他不一定愿意跟你说，第三他讲的话可能是错的。

有个鲜明的例子：有一款给儿童讲故事的App，它坚持内容为王，为儿童讲好故事，想要寓教于乐，让孩子学到东西，可实际上用户增长极慢，产品经理也不知道是什么原因。

后来就咨询了一些妈妈，为什么不下这个软件呢？结果妈妈们说："故事讲得那么精彩，我儿子都不睡了。"

产品经理恍然大悟，原来妈妈们需要的根本不是一个讲故事的

App，她们需要的是一个哄睡工具。

睡前讲故事这个场景，把孩子哄睡着是第一需求，学习东西反而变成第二位的。孩子睡着了，年轻父母就可以有自己独立的时间了。所以一定要洞察用户最本质的需求。学习只是附加的任务，最核心的目标就是：软件一放，小孩自己睡着了，然后爸妈就可以放心去刷手机了。

当你去问年轻的爸爸妈妈们他们需要一个什么样的讲故事软件时，他们只会告诉你让孩子尽可能学到东西。所以啊，你问客户需要什么，有可能问不出本质的需求。因为没有一个妈妈愿意承认自己是个"懒妈妈"，不想自己讲故事，想要一个软件帮她讲故事哄孩子睡觉。

没有任何一个家长会承认自己是个懒家长，他们不会告诉你每天晚上给孩子讲故事有多"痛苦"。北上广竞争那么激烈，中年人要扮演的社会角色又那么多，加班后再回到家已经非常疲惫了，他们都渴望能够给自己保留一点珍贵的独处时间，但他们都想跟别人说自己育儿怎么科学。因此，这个痛点家长可能永远都不会告诉你，毕竟没人愿意承认自己懒。

如果你仔细观察，就能发现，这个阶段的父母真正想要的其实是自己的时间。他们需要一个工具，来帮他们把孩子赶快哄睡着，然后拥有自己的时间，这才是目标群体最重要的需求，也是最大的痛点。

所以，很多时候你以为的痛点不是痛点，真正的痛点是难以启齿的。

这个案例非常重要，也非常精彩。他们开发了一个讲故事软件，但其实家长需要的是一个哄睡工具，这就是洞穿用户真正痛点的重要性。

有人会说，他去做市场调查，这样得到的都是最直接的答案。

你当然可以做市场调查，但结果并不完全靠谱。

曾经有一个航空公司给客户做调研，问他们在买机票时最看重什么，表格列了十几项，比如餐食、飞机机型、飞机上能不能上网和充电、飞行是否安全、机票购买是否方便、空姐是否漂亮等，结果 90% 的客户都把安全放在第一要素。

谁能决定飞机安全不安全？谁也决定不了。

这又回到了乔布斯那句话，不要去问用户需要什么。你要做出一款产品，让用户感觉你在洞穿他的生活、洞穿他的需求。

这也就是营销的本质，发现并放大用户的痛点。挖掘用户的潜在需求并化为现实需求。他或许本来没那么焦虑，但现实被放大后会感到痛苦和焦虑，而痛苦和焦虑越大，他下单的决心就越大。因为用户购买产品不是为了产品本身，而是想借助这个产品实现更好的自己。

真正的营销高手，都会为用户发声，为他们解决一个问题，缓解一种焦虑，创造一种价值。

当你洞悉了这点，你的产品自然就不缺用户了。

05
终极的商业链接，
是与用户的情感联结

北京有一个玫瑰品牌叫 ROSE ONLY，所属企业最好的时候估值过亿美元，老板卖掉 10% 就能拿几千万美元回来。普通玫瑰花卖 200 元，它的玫瑰花卖 2000 元，而且你还不一定能买到，需要预订。

因为它的口号是"一生只送一人"。

男孩子送女孩子玫瑰，可以在结婚纪念日送，可以在恋爱纪念日送，可以吵架了又和好时送，但 ROSE ONLY 的玫瑰他一生只能给一个女孩送。

所以 ROSE ONLY 卖的不是玫瑰，卖的是终身的爱情。它完整地传递出了用户对"独特、唯一"的情感诉求，卖的是一个男人一辈子只能爱一个人的理念。

可以想象一下这个场景。当一个男孩手捧玫瑰向一个女孩求婚，说：

"亲爱的你嫁给我吧，我会爱你一辈子。"女孩问："什么牌子？是不是 ROSE ONLY？不是？那请你解释一下，为什么不买 ROSE ONLY 的玫瑰，你原来送给谁了？"

如果他解释不了，求婚大概率要失败。

不是所有的玫瑰都代表忠贞的爱情，但是 ROSE ONLY 的玫瑰能代表。这个品牌本质上就讲了这么一个故事，结果爆火。

这，就是讲品牌故事的魅力，它是最好的软广告。

我每次去杭州，都会去西湖。西湖有座桥叫断桥，很多人都在那里拍照，是个网红打卡景点。而旁边就有一座石拱桥，长得和断桥一模一样，几乎没人去拍照。

断桥和那座石拱桥有什么不一样的地方？在物理属性上，二者没有任何不同。但断桥的名声大，是因为它代表了许仙和白娘子的故事。这就是故事的力量。

品牌要有故事、有传奇，品牌本身就是传奇。

像茅台就是传奇。赤水河畔，我们的部队喝了茅台以后一路凯歌走向陕北。之后很多人觉得只要喝了茅台，就会有好事发生。

所以从做产品，到做品牌，差别就在这些地方，这是两个不同维度的能力。

人在绝大多数情况下都是非理性的，只会依赖自己的看法和感受行事。通过讲故事做情感营销，用户的大脑就容易受强烈的情感刺激吸引，

相应的情绪触发点就很容易被激发出来。

爱国就是非常强烈的民族情感。尤其我们现在的年轻人，90后、95后，甚至00后，实际上可能比70后、80后那一代人更爱国。

70后、80后喜欢穿耐克、阿迪达斯，而90后、95后喜欢穿鸿星尔克、李宁。以前大家热衷于看好莱坞大片，但这些年爆火的影片，很多都在讲中国故事和中国文化。比如前几年大热的国漫《哪吒》，有几十个亿的票房。以前家长让孩子学钢琴，现在的家长让孩子学古筝。这就是经济发展带来的文化自信。

还有，现在我们的90后、95后都追捧"国风"，特别喜欢穿汉服上街，到古色古香的景点拍各种美照，然后发在自己的社交媒体上，很大一部分原因是来自骨子里的文化自信。

中国的经济发展一定会助推文化自信，有了文化自信才会助推本土品牌崛起。

2021年11月，"蜂花"陷入倒闭传闻，年轻人顿时像失控了一样，疯狂地买蜂花，生怕它真的倒闭了。

2022年5月，网传消息称蜂花老板亲自直播，含泪表示：蜂花有37年历史，不是杂牌，一直受外资企业打压，37年无违规，10年来仅仅涨价2元钱。配图也很凄惨："老板女儿亲自直播，只有两人在线。"

这一下子就激发了广大网友的消费欲，即使证实网传的消息是假的，网友依然抑制不住自己付款的热情。后来，据公开的数据，蜂花一天内销售出了 2 万单，是平时一个月的销量。

心疼、保护、支持、拯救……一系列复杂情感交织在消费者的国货情结中，一波又一波"野性消费"让一个个老牌国货从被遗忘到"翻红"。

美国著名学者罗勃·康克林在《处世奇术》一书中曾这样说过："**如果你希望某人为你做某些事，你就必须用感情，而不是智慧。谈智慧可以刺激他的思想，但是谈感情却能刺激他的行为。**"

商业的背后，是人性。

未来对于企业而言，重点就是如何去讲好中国故事。品牌的未来是出海，民族的就是世界的。我们一定要思考这是什么情感，怎么用这份情感去讲故事。

杭州有个美妆品牌叫花西子，以花养颜，东方美学。西子指的是西施，亦指西湖，这就是很美的概念。云南的霸王茶姬做新式茶饮，融资 3 亿，也是把国潮融入了品牌理念。

在这个新商业时代，中国三五年内诞生一个市值过百亿的企业的机会依旧存在，而且会越来越多、越来越快。

从这个角度，请你仔细思考，**未来要给这类新人群，带来怎样的新消费、新流量、新模式和新品牌。**

06
什么是孤独？
孤独是最高级的生活方式

近几年总有一些营销号制造焦虑：再不去阿那亚打卡，就要被开除中产籍了。

什么时候，阿那亚跟中产挂上钩，成了地位的象征了？

最早让阿那亚出圈的，其实就是那个"中国最孤独的图书馆"。它面朝大海，又没有其他建筑挨着，看起来是挺孤独的。但是孤独的建筑却不缺乏烟火气，阿那亚现在成了艺术圈、潮流圈的钟爱地。

孟京辉将蜂巢剧场开到了阿那亚，LV、华伦天奴还曾把时装秀的场地选在了阿那亚，李健的首次线上音乐会就是在阿那亚办的，老狼、朴树、崔健等也都是阿那亚的业主。

阿那亚摇身一变，成了很多人的度假胜地，成了文艺青年的精神图腾。而宁静、孤独、诗与远方，是最戳中他们内心的理由。

2013年的阿那亚，还是一个负债累累的烂尾项目，它的老板马寅是贷了10个亿接的盘。谁承想，2020年阿那亚的年收入就达到了30个亿，相比2013年增长了40倍，项目的转介绍率和复购率居然达到了90%。

为什么会有这么大的转变？

做品牌有个"五定模型"：锁定一类人群，切准一个场景，解决一个痛点，讲好一个故事，做好一场传播。

首先，阿那亚的定位就很特殊。马寅最初的想法是，人生的下半场，日子虽然看起来五光十色，但那并不是自己想要的生活，他想建一处房子，过喜欢的生活，把工作和生活统一起来。

所以，马寅最初将阿那亚的目标用户定为50后、60后，但后来他发现，这些"有钱有闲"的阶层很难被打动，而有些70后的审美达不到他的预期，90后又没太多钱，于是他将目光聚集在了80后新中产阶层身上。这些人是现在社会中创造价值的中流砥柱，也是富有情怀和追求的一代人。

很多80后的新中产阶层完全是靠读书改变命运的。他们通过读书，考到了北京，然后留在了一线城市。他们相信读书可以改变命运，但又不想让他们的孩子和他们一样承受应试教育的压力，为分数而挣扎。

如果在二、三线城市，中产阶层的幸福指数是非常高的，但是在北京，中产阶层就是"苦逼"的代名词。他们有很多角色，可能是一个领导、一个老板、一个丈夫、一个爸爸、一个儿子，但唯独不是自己。他们上有老，下有小，当着房奴、车奴，还当着孩奴，唯独不配拥有自己。

而且，在北京有相当一部分人都是外地人，这样的地方很难带来归属感，他们是孤独的。

面对高压下的生活，80后想叛逆，又不敢彻底地叛逆；他们想追求自我，又不敢追求自我；想逃离北上广，天天又想着要逃回北上广。他们过得很拧巴和纠结，也很想脱离对生活和工作的挣扎，退休之后过上更有质感的生活。

所以你会发现，阿那亚的业主，绝大多数都来自北京。这也是阿那亚定位的巧妙之处。一到周末，很多北京人会开车到周边找个农家院，吃顿农家饭。他们觉得那样才算享受生活，才能让身心得到放松。

阿那亚的出现，就给80后的这些中产阶层打造了一个心灵归属地，可以让他们暂时逃离大城市的焦虑、紧张。

阿那亚离北京就三四个小时的车程，你可以随时过来住几天再回去。你可以在大城市奋斗，也可以回到心灵的家园。

你看阿那亚对痛点的把握就非常精准，它为这群孤独、焦虑、追求精神生活的"中产"打造了一个最孤独的图书馆。图书馆里面书可以不太多，看了些啥不重要，关键是可以拿来拍照、发朋友圈。

此外，阿那亚还打造了礼堂、剧场、桑拿馆等，这些地方的颜值都非常高，符合年轻人的审美。这些人把照片、视频发到抖音、小红书、微博等平台，每个人又都变成阿那亚免费的KOL（Key Opinion Leader，关键意见领袖），从而吸引更多的人来到阿那亚。

这些来到阿那亚的人大多都是喜欢美、喜欢文艺、喜欢诗和远方的人，大家在繁忙的工作中努力拼搏，苟且地活着，但同样都渴望有个心灵归属。**阿那亚用"孤独"来吸引"孤独"的中产，击中他们内心最柔软、感性的部分，满足他们对内心自我疗愈的需求。**

这也正是阿那亚这个名字的原意："找回本我的地方。"

在某种意义上，阿那亚提供的是一个理想与现实交界的特殊空间，可以让人们在繁忙的生活之中有一个喘息的机会。

你可以周末的时候来，可以五一的时候来，可以国庆的时候来，也可以有一天不工作了，退休了就住在这里，每天醒来推开窗子，闻着花香，听着鸟语，看着大海，看着春暖花开，享受诗和远方。

所以，阿那亚卖的不是房子，卖的是 80 后晚年的生活，卖的是你在北上广一线城市奋斗的意义，是卖人生的意义，卖你拼命赚钱的意义。

地是不值钱的，地上面产生的内容才值钱。阿那亚做的就是内容地产，这也是它扭亏为盈的根本原因。

品牌的背后是价值观，是理念，是生活方式。

所以，有时候客户并不需要一款产品，他需要解决一个问题，实现一种价值；客户不需要品牌，客户需要通过品牌彰显他的精神主张。而品牌进阶的逻辑，是从卖产品到卖服务，从卖服务到卖生活方式，从卖生活方式到卖价值观。

07
高级的营销就是
和用户谈一场恋爱

著名的谷歌十诫中,第一条说的是**"一切以用户为中心,其他一切纷至沓来"**。

雷军也曾说,用户是小米最大的底气。

其实,我们也都知道,用户是一个品牌最宝贵的财富,商业的本质,就是得用户者得天下。可是用户并不是你招之即来,挥之即去的。**你懂用户,才能赢得用户。**

现在做短视频和直播的人越来越多,很多人都想踩住风口,发一笔财。但这世上没有无缘无故的红,也没有不做什么就能获得的热度。就像今年比较出圈的新东方的直播间,爆红好像就在一夜之间。有网友看了直播评论:"人生30年没这么离谱过,我在直播间买了4袋大米!"

任何一个在短视频平台获得成功和关注的人,都不是空有其表的。

卖货的直播间那么多，为什么偏偏新东方的直播间火了起来？

因为它不是在卖货，而是在卖内容。

双语直播、吟诗作赋、段子、鸡汤，张口就来……有些家长甚至会拉着孩子一起去看新东方的直播。他们没有把它当作卖货直播间，而是去正儿八经地学习的！

有些明星吃喝不愁，平时买什么、用什么都不用经自己的手，但也忍不住买了几袋大米。

为什么？

在商品过剩的时代，我们不再因为需要而购买，而是因为喜欢而购买。

因为喜欢内容，所以我们就下单了。当他们喜欢你的内容，愿意在你的内容上花时间去看时，购买产品就是水到渠成的事情。

什么是好的爱情？是一次又一次爱上对方，每次都像是第一次。

什么是好的营销？同样是让用户一次又一次地爱上你的产品，每次都有新鲜感。

做营销和谈恋爱本质上是一样的，都是让对方爱上你。我给品牌和营销活动的定义是：**和用户谈一场恋爱。你要给用户制造一见钟情的机会。**

怎么抓住他的需求，如何制造第一次邂逅，如何设计一个漂亮的外表让他对你一见钟情？这都是需要用心去共情的。

谈恋爱的时候你会倾听对方的需求，会感知对方的痛点，会照顾对方的感受，理解对方的情绪，最后你调整好自己，带给对方美好体验。**我们也要像对待恋爱对象一样对待用户。**

完美日记的成功方式就很值得学习。

它在2019年"双十一"一跃冲出重围，荣登天猫彩妆销量第一的宝座，其热度超过了欧莱雅，超出了所有人的预期。没有人能想到一个新兴的国产品牌，能在彩妆领域打败欧莱雅这样的欧美大牌。

完美日记的成功就在于它的社群私域营销做得特别好。它也开门店，但不会像欧莱雅一样开在百货商场里，它的门店甚至都开在地段不太好的地方。

为什么？完美日记的老板黄锦峰是这样回答的："我们开门店的目的不是为了卖货，是为了找到买我们货的人。"

完美日记甚至对门店的店员都不考核销售额的业绩。这对传统销售业来说是颠覆性的。很多人问："你们门店不考核销售额，岂不是要倒闭？"他们说："不，我们考核，但是考核的是微信好友的数量。"

一群女生走进店里，只买一支口红或眉笔，甚至不买东西，售货员也说没关系，"你可以加我个微信，我送你一套化妆棉"。

这种地推的套路很常见，但很多人拿到东西以后就把号删了。因为你这个号没有内容，留不住人。

而完美日记不是，它会认真经营微信号的内容，把人加进来之后，会教你怎么画眉毛，怎么涂腮红，教你不同场合化不同的妆容，让你变美、变自信。它不断地生产好玩有趣的内容去触达用户。即使你不经常看社群，偶尔打开，发现有的内容对你来说是有用、有趣、有价值的，你也不会随便删掉它。

雷军曾说，互联网最重要的用户思维，其本质就是群众路线，到群众中去。

这就是完美日记最聪明的地方。**不断地跟用户产生关系，发现用户的需求，再用内容留住用户。** 就像谈恋爱，先用好的表象的东西，比如赠品，给人好的第一印象，让他们愿意和你接触，再不断用好内容把你的心留住。

做营销和谈恋爱一样，是一场高智商、高情商的游戏：谈好了皆大欢喜，百年好合；谈不好就是劳燕分飞，一对怨偶。

没有用户，就没有品牌。

你只有真正读懂用户，才能真正做好营销。因为每一个爆款的背后，都是对人性的深刻洞察。

08
高级的文案，
都自带氛围感

董宇辉曾在卖"有机野生蓝莓汁"时说：

我想把一些好的东西都给你，

譬如朝露，

譬如晚霞，

譬如大江大河，

譬如 6 月 21 号达到北极圈的太阳，

北极达到极昼，太阳终日不落，

如我对你的爱一样坦坦荡荡，

所以我还做了非常详细的各种农残和药残的检测，

所以请大家可以去放心地购买。

你看，他大篇幅的内容根本没有提蓝莓汁，但他说完之后，这个产品又卖出去 27000 单……

什么是高级的文案？

高级就是通篇都没写一句我爱你，但处处都透着我爱你。

如果写一见钟情，不要写"我对你一见钟情"，要写"我只是在人群中多看了你一眼，就无法忘掉你的容颜"。

如果写思念一个人，不要直接写"我想你了"，要写"天青色等烟雨，而我在等你"。

如果写跟前任分手，但是忘不掉他，不要写"忘不掉你"，要写"最怕此生已经决心自己过，没有你，却又突然听到你的消息"。

这样的文案就一下子有了氛围感，就成了高级文案。

真正高级的文案，都自带氛围感，它不仅给平淡无奇的文字加上了滤镜，还加上了"美妆磨皮"的效果。

董宇辉在直播间带货时说的文案就很高级。而这样的文案，也能放大内容营销的力量。

我有个学员是开民宿的，获客成本是 128 元一个人，非常高。他找我咨询那天，我正好喝了点小酒，于是诗兴大发，就写了几首打油诗，送给他做文案：

一把吉他，浪迹天涯，

背上行囊，现在就出发；
高山云海、竹林人家，
大海星辰，我与你吟诗作画；
半世浮生，我和你看透世间的繁华，
而你依然是我心中的朱砂。

诗写得好不好不重要，文学造诣有多高也不重要，重要的是，它们是非常好传播的内容。

后来我又写了第二个文案，把他公司的名字也藏进去了：

寻一处小筑，不遇车马喧嚣；
聚一帮好友，丢下城市烦恼。
忘情于山水，醉卧于诗画。
夜晚的篝火，照亮远方，
湖面的月光，透着清凉，
最美的时光，是你已住进我的心房。

是不是有点像阿那亚那种文艺范儿了？这个文案可以衍生出多种玩法，变成一个话题，可以叫"背上你的吉他，寻找你心中的朱砂"。人生就是一段旅程，目的地不重要，沿途的风景也不重要，重要的是和你牵手看风景的那个人。

后来，这段打动人心的文案变成了各种各样的海报，让客户在社群里分享这些文案。传播得特别好，客户觉得有格调，非常高级，而且还依托这些文案组织了很多场活动。

我们做了一个扫码进去就可以测试你适合去哪里的小游戏，比如，孤独的你适合去沙漠，浪漫的你适合去海边，你是不晒就会死的单身狗。

很多工作时间"996""007"的年轻人，或是文艺青年，看到这样的文案后，就突然会有一种出走的冲动，想开始一段说走就走的旅行。因为他们在读这段文字时，读的不是广告，而是对美好生活的向往、对自由生活的期盼；看到的不仅仅是图片和文字，还有画面感、氛围感。

就这样，在很短时间内，我们就拉了几万个新用户进来，获客成本从以前的128元直接降到了2~3元。

商业文案是现在这个时代成本最低、最适应社会发展的内容营销方式。

这句话在短视频平台也同样适用。内容就是你的个人IP和用户之间沟通的利器，它同样可以凭低成本，为你带来爆炸性的流量。

我自己也在总结为什么可以获得那么多流量。很多人认识我，大多是通过我的爆款短视频。比如，《淘宝和抖音的区别？》有4000多万播放量，《未来房产还值得投资吗？》有近1亿的播放量，还有《共和国的4个儿子》有8000多万播放量，《三胎背后的本质原因是什么？》有近 2 亿的播放量——这条都发到国外去了。

在没花一分钱营销的前提下,这些视频能在全网一共获得 10 多亿的播放量,全都取决于视频本身的内容和文案。

因为只有好内容,才能跑出好流量。而所有好内容的背后,只有一个逻辑,叫作用户逻辑。

那什么是好内容呢?能够产生用户互动行为的内容才叫好内容,视频的完播、点赞、收藏、评论、转发,这些都是互动行为。

完播的背后是选题;点赞的背后是认为内容有趣、有料,从而产生共鸣和共情;收藏的背后是有用;评论的背后是想参与这个话题;转发的背后是用户想讲的话,你替他讲了。

我能有这么好的数据,就是在内容的各个维度上,都满足了用户的期待,从而促使用户产生了互动行为。

这就是内容营销的力量。这个营销的思路,叫高光时刻,因为大家都愿意分享自己的高光时刻和高级的生活方式。

当你把自带氛围感的文案写好,把这个活动做得能体现出参与者的格调时,用户自然就会分享出去。

用户满足了自我需求,你也就实现了有效传播。

> 锁定一类人群，
> 切准一个场景，
> 解决一个痛点，
> 讲好一个故事，
> 做好一场传播。

方法篇

通往高手之路

MENTALITY

心法篇

事业是修炼的道场

心 | 法 | 篇

你看到的是什么，
你就收获什么。

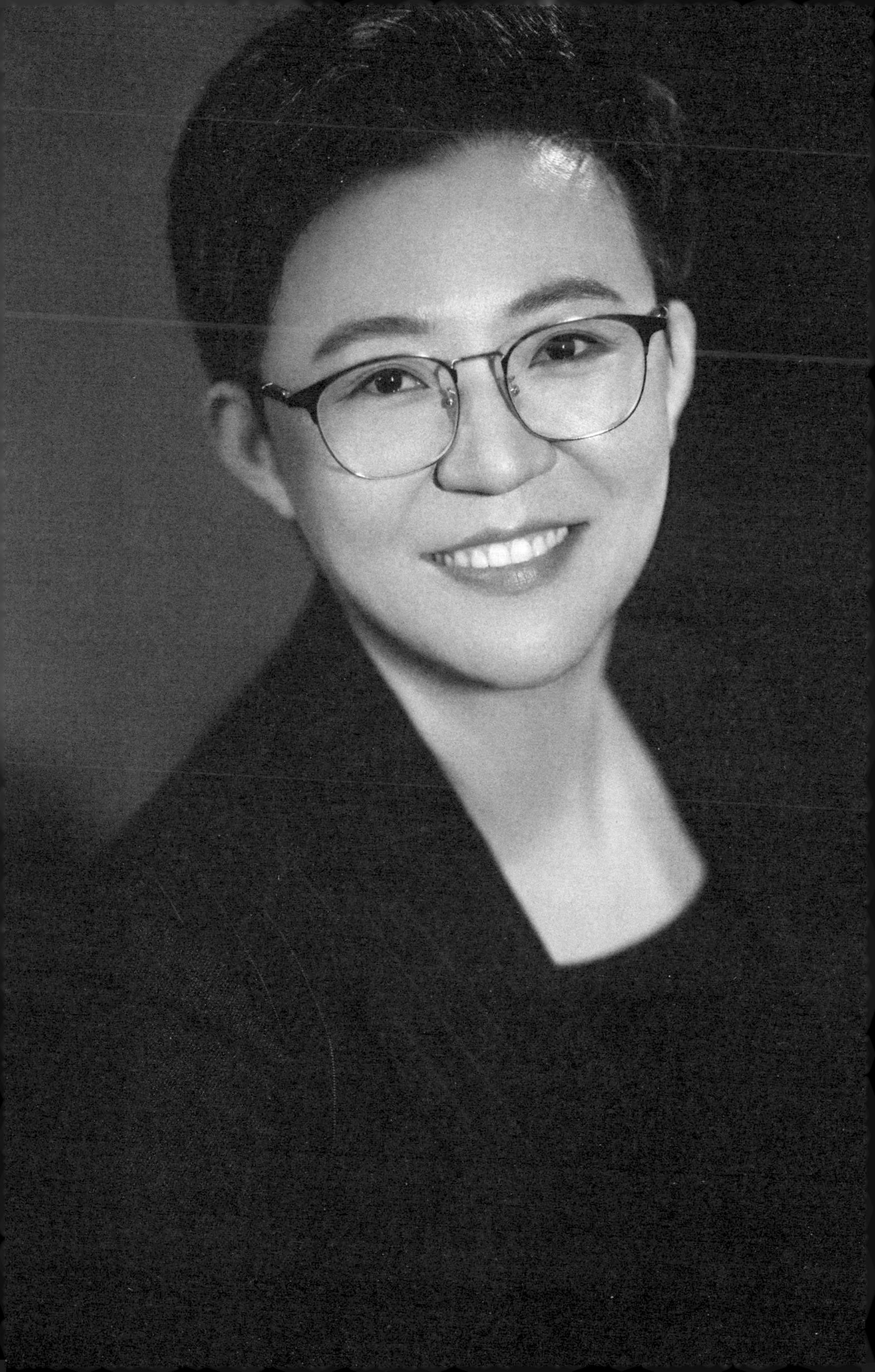

01
了解自己的过去，才能迈向未来的成功

我发现一个问题：无论企业家的资产规模多大，他们都不会满足现状，一直处于困惑、焦虑的状态，总想拓展更大的市场。他们早期有意或无意间地踩中时代的红利，快速积累起了大量的财富，但随着时代的变化，市场也跟着变化，他们慢慢就会觉得市场不那么好了，钱不好赚了。

如果你问：

你以前是怎么赚到钱的？

你如何挣到第一桶金的？

你的阶段性成功是什么，是如何做到的？

多数大老板都会蒙，因为他们从来没有想过这个问题。

有句话说得好："你永远赚不到超出你认知范围的钱，除非你靠运气，但是靠运气赚到的钱最后往往又会靠实力亏掉，这是一种必然。"也就是说，我们只能赚到自己认知范围内的一小部分钱。

人的一生，都在为认知买单。

现在很多人抱怨赚钱难，其实不是现在赚不到钱，而是因为过去的钱太好赚了，遍地是商机。所以你不回看过去，就发现不了那其实是时代的机遇，你就只会抱怨现在的时代不好，永远找不出原因。

偶然的成功，能代表必然吗？

不能。**靠一个机会成功是很容易的，但持续成功是很难的。** 如果你不知道是哪些因素促成了你的成功，那你只是个稀里糊涂短暂拥有了财富的人，并不代表你真正成功了。

只有不断了解自己的过去，反思自己的行为，人才能从优秀迈向卓越，才能从一个成功迈向另一个成功。

我认为世界上最有智慧的人，是保安。为什么这么说？

每到一个小区，门口保安都会问你人生三大问题：你是谁？你从哪儿来？你要去哪儿？

人人都在为"接下来该去哪儿"拼命，却忘了更重要的是：我是怎么来的，我过去做了什么，导致了现在怎样的结果。

一个人如何解释过去，就决定了一个人如何面对现在，如何展望未来。如果不知道自己是怎么成功的，也就不知道自己是怎么失败的。

我们看过很多干餐饮的，第一家很成功，生意络绎不绝，便又开起了连锁店，第二家、第三家、第四家……过段时间一看，全黄了，亏得一塌糊涂。成功为什么不可复制了？

因为他们只看见了成功，没有看到成功背后的本质。如果餐厅是中餐厅，中餐菜谱喜欢"适量"，而西餐菜谱精确到"克"，这中间隔的就是**可量化的标准、可遵循的规律、可复制的成功**。

一味追求表面的一致，忽略成功的关键因素，必然会失败。不可复制的成功，不是真正的成功，只能说是一时侥幸。

一个企业家善于抓机会，可以赚到第一桶金；要持续赚钱，就需要从一个成功走向另一个成功，从偶然成功到持续成功。

雷军1991年大学毕业，1992年年初加入金山，一做就是16年，从程序员做到了CEO。2007年，金山在他的带领下成功上市。38岁时雷军选择退休，42岁时创办小米。2018年，小米也成功上市。小米从创业至今走过了十几年，目前全球市场份额排名第三，在欧洲市场更是位居第二。

雷军说："一个人要做成一件事情，其实本质上不是在于你多强，而是你要顺势而为，于万仞之上推千钧之石。"

这里的**"顺势而为"，不仅仅是趋势，更是正确的成功归因。**

人一旦找到了成功的规律，就有了无限的可能。回看我的过去，18年里只做了一件事，就是天天研究企业。不是在辅导企业，就是在辅导企业的路上，专注帮企业家解决三大市场问题：商品市场怎么做品牌，创业市场怎么建渠道，资本市场怎么设计模式入口、平台和生态。

《商界评论》的"封面人物"专栏采访时问我："张老师，你是实战派，还是理论派？"

我不认为自己是一个理论派。虽然我是经济学科班出身，阅读了大量关于经济学商科类的理论系的书籍，但比我理论高的人太多了。同时我是一个泡在企业里的人，我曾有3年时间，几乎每年有200多天都在飞，有时候几乎3天要换3个城市，亲身走访了很多企业，看到了企业在经营和管理上面临的诸多挑战。

但我不想只局限在所谓的实战派里。创业者们在研究怎么做事，我们作为商业研究者，所看所想必须高于眼下，要在纷繁的事件之上总结出一套方法论，有了思维模式才能解释事件、指导实践。所以，我现在能够被更多人看见和需要，就是取决于过往18年的理论与实践的融合和提炼。

所有的成功都并非偶然，这背后都是人对底层逻辑的洞察。

每个人都要有自己的底层逻辑，就像我们学习，每个学科都有解释世界的一套逻辑。宗教有解释世界的宗教逻辑，科学有解释世界的科学逻辑，哲学有解释世界的哲学逻辑，生物学有解释世界的生物学逻辑，经济学有解释世界的经济学逻辑。

你的过去就是你的底层逻辑。你如何解释你的过去，就决定了你未来的高度。

你现在遇到的问题，答案都藏在你的过去，在历史中找到答案，才能避免将来重蹈覆辙，取得下一次的成功。

商业如人生，只有知道来时路，方能看清未来的路。

02
有格局的人是什么样的？

"格局要大"这句话，最近成了年轻人之间的一句流行语。

他们互相提醒对方，凡是遇到想不通的事情，就要套用"格局思维"，去发现格局，只要看到的格局足够大、足够全面、足够立体，把一切推给格局，想不通的事也就看开了。

听着有点幼稚、有点偏激。事实上，这话更像是年轻就业者之间的玩笑。

依我看，总说这句话的他们，不需要太大的格局，他们还年轻，才刚刚开局，有大把时间积累格局。说说无伤大雅，反而是不常说这话的人，很需要想想这句话。

那些经常把"年轻人就是格局不够大"放在嘴边的人，那些靠格局吃饭的人，那些迫切需要有格局，正在格局中九死一生的人，他们才需要。

我说的是企业的管理者。

总说别人格局不够大，那你知道什么样的人叫格局小吗？就是永远用"贱人"的标准去要求自己，永远用圣人的标准去要求别人的人。这种管理者，永远无法把企业做大。

现在很多老板和管理者喜欢拿华为说事，说华为的企业文化是多么"奋斗者为本"：员工都是拖着床垫去上班，写代码写累了就在床垫上睡觉，睡醒了接着起来写。任老爷子七十多岁了，走南闯北连助理都不带，从上到下都贯彻着奋斗者的精神——华为的成功就是这样"奋斗"出来的。

——再看自己的员工，跟华为的员工一比全是懒汉：只愿意完成职责范围内的工作，一加班就叫苦叫累，要求享有节假日，要求增加工资激励，项目多了还要求补充人力……

老板一拍大腿得出结论：公司之所以发展不起来，就是员工奋斗得还远远不够。

那员工呢？他们听了这些只会想：我还希望自己老板先把公司搞成华为呢，也没见你做到。

这体现的，就是老板严重断层的格局问题。

老板空想什么"奋斗者"，根本不可能激发员工，因为华为所说的"奋斗者为本"本质上的意思不是要求"奋斗者"默默付出，而是要以"奋斗者"为本，让奋斗者获得更多的物质回报和精神嘉奖。一个公司的机制与文化能不能激发更多的普通人愿意成为奋斗者,决定了这个公司的战斗力。华为是要让每个努力奋斗的人,都在华为得到公平的待遇、丰厚的物质回报和上好的精神嘉奖。

发展机制和文化,给员工带来好的奋斗土壤,这都是用来要求自己的,不是去要求员工的。

很多人总是在问,为什么我的公司留不住人才?

员工会有各种各样的借口回应:家里有事,身体不好,想休息……总之理由一大堆。但究其原因只有一个:在你身上看不到希望和未来,对你和公司没有信心。

一个人如果能看到希望和未来,他就不会计较当下。目之所及有高峰,自然不会在意脚底一时的颠簸。

这时这些老板又说了:"这不是还剩下很多人跟着我吗?"那可能是因为他们还没有找到更好的地方,所以在你这里将就。一旦让他们看到光明、看到更有前景的去处,他们不会有一丝犹豫地离开你。

趋利避害、相权取优,这是员工视角的正确格局。

所以不要动不动就跟员工谈忠诚,你是生了他还是养了他?不就是你给他钱,他干活吗?商业交换而已。

有格局的管理者,要永远给员工提供比第三方更大的价值。

我看到一些文章说,东方甄选直播间在全网爆火,核心人物小董老师火了,很多人要挖他,俞敏洪立刻出来正面回应:"我首先要感谢小董老师和新东方直播间的其他所有员工。他们为新东方做出了卓越的贡献，今天我们应该给他们更好的待遇、更好的空间，让他们在新东方有更好的未来。"

人才是良禽，却没有换木而栖，因为新东方始终愿意成为那棵最好的"木"——这才是最重要的。

如果今天我们不能有更好的文化、更好的机制，让员工在这里安心干，那他们走了，不是他们的错，是我们的错。

观念要改变，格局才开阔。

真正的老板不该搞小恩小惠，真正有格局的老板该成就员工，不断成就员工，因为只有好员工才能成就好企业。公司好了，才是老板想要的、最想看到的好。

商业的世界是交换、是交易，永远为员工提供比第三方更大的价值的，才是好老板，才是大格局的老板，才是能在商场上笑到最后的老板。

03
比学历更重要的，
是学习力

比学历更重要的，是一个人的学习力。

因为学历只能代表你的智商，学习力代表你解决问题的能力，而这才是一个人立足职场的关键。

当下就业难度增加，因此考研、考公人数也在不断增加，"卷"得不行，大家纷纷感叹想"上岸"真是越来越难。有了研究生学历，找工作就会更容易点吗？

从一些公司的招聘门槛上看确实是这样。**学历能帮你"干掉"一部分竞争者，但真正到了工作岗位上，拥有持续学习力，甚至终身学习的能力才是最重要的。**

在效率迭代越来越快的今天，企业不创新，就会被市场所淘汰，没有关注，就会被用户所抛弃；个人不成长，就会被其他人赶超，被社会所淘汰。

不要说我们这些打工人，就连老板和公司也是一样。

我这儿有个绝佳的案例。

有次上课，一个学员说他是慕名而来，因为前一阵他的公司有个员工辞职之后，来上了我的课，接着就创立了自己的品牌，现在变成了他的头号竞争对手，到处挖他的客户。所以他就想能不能来学习一番，用我教的方法，反过来再去打败那个员工。当时在场的同学听完都笑了。

虽然听着挺可乐，但这个真实的故事，给我们揭露了一个扎心的真相：

作为一个创业者、一个老板，如果你不学习、不成长，那你会学习、想成长的员工不仅会离开，甚至还会把你干掉。

因为，你可以拒绝学习，但是你的员工不会，你的竞争对手不会，商业世界更不会对一个原地踏步的人有宽容之心。

总有创业者和老板问我，有没有一堂课可以让员工忠诚于我？

他们问这句话就如同说他们是古代穿越来创业的，这都什么年代了，还在跟员工谈忠诚。**作为一个员工，他在一家公司的追求，无非就是三个层次：成长感、归属感和成就感。**

所以，员工怎么才能不离开你的公司？

他在这个公司要有成长的机会和空间，在这里可以得到良性持续的发展，因此才会长期稳定地做下去。

企业没有稳定的团队，就没有稳定的客户；没有稳定的团队，就没有稳定的业绩。

如果你给不了员工这三样东西，久而久之，你的企业也会难以为继。

如果一个公司里面有野心、有想法、有能力的员工批量地走了，请记住，这不是员工的问题，一定是老板的问题。是因为公司没有进化，发展太慢了。公司的发展满足不了员工发展的需求，他就选择离开了。

所以对于一个企业来说，最本质、最核心的一句话——**发展才是硬道理。**

那么遇到上述那样的情况，该怎么做才能实现发展？

改变公司的机制，员工创客化、部门公司化、公司平台化、平台生态化。**小老板成为大老板的唯一一条路，就是孵化成就更多的小老板，你变成大老板。**

刚才提到的同学用"血的代价"告诉你了，不要指望员工不出去创业，你与其让他在外面创业，不如让他在你的公司内部实现创业。这也就是公司为什么要做第二曲线的创新，为什么要开辟新市场、新模式，就是要给员工找到新的发展机会。

让员工得到发展，就是让公司得到发展。

你的公司在不断壮大，员工跟不上公司的发展，是你淘汰他；可是你的员工发展得很快，公司不发展，就是员工淘汰公司。这就是认知这件事情的基本逻辑。

那一切发展的前提是什么？

是你这个老板的学习能力，是否能够带动企业的增长与发展。你的

视野、你的能力，决定了公司的天花板在哪儿。

华为的任正非在这点上就有非常深刻的认知，他曾公开反思说最后悔的，就是华为一直在坚持对员工进行末位淘汰，后来他发现真正应该开刀的是干部团队。

一个公司的天花板和发展极限，是由这个公司管理层的整体认知水平决定的。

有些管理者学历很高，但守着老一套的管理方法做事，缺乏学习主动性，再好的团队也会被逼走；但也有很多管理者，不见得是学历很高的人，但他们拥有超强的学习力，逆商[①]和情商也很高。

他们具备解决问题的核心能力，能做到终身学习，不断提升自己的学习力，是与时俱进的人，是愿意承担责任的人，是愿意培养和成就下属的人，事业自然也就越做越大。

一个公司能多成功，取决于管理者自身的能力和格局有多大。

所以记住那句话，你能成就多少人，你才能做多大的事；你的进化能力有多强，决定了未来企业能够走多久的生命力。

学历代表过去，只有学习力代表将来。

一个人只有不断学习，才不会落伍，才能取得更大的成就。

---

① 指面对挫折、摆脱困境和超越困难的能力。

04
真正的高手，都是坚定的长期主义者

创业者学习的目的到底是什么？

在我看来，学习的目的只有一个——做出决策。

一眼就洞察事物本质的人，注定要比其他人抢占先机。对一件事情的理解和对行业的洞察，才是最本质的较量。

如何把你现在的认知拉高一个层面？还是那句老话：

用产业的眼光看行业，用行业的眼光看企业，用资本的眼光看产品，用未来的眼光看现在。

为了做出正确的决策，你所有的认知都要比你现在所接触的东西高一个维度才行。但很多人在提高认知的过程中，却走了弯路。

学习之路，可以分为两种：宽门和窄门。宽门代表简单模式，窄门则是硬核模式。大多数人会选择前者，因为宽门很容易进去，殊不知，宽门是越走越逼仄，而窄门越走越敞亮。

这跟很多普通管理者的学习过程是一样的，不够努力却想一夜功成，殊不知这样的想法让自己走了很多弯路。创业者的学习不应该是见招拆招，而应该建立学习的四大思维——系统性、全局性、本质性、趋势性。他们就是想选最容易的路，最终却会发现自己已经无路可走了。

有句话说："以大多数人努力程度之低，根本轮不到拼天赋。"先不论努力程度，就以大多数人的满足感延迟程度之低，也根本轮不到拼天赋。

学习是没有捷径的，就像学习武术，你要做的是见招拆招。而**比起招数来说，更重要的是掌握应对的底层逻辑。比逻辑更重要的是看待问题的思维**。是否拥有看透本质的能力，决定了人和人的差异。

纵观现在全球知名的企业家，如马斯克、任正非和张一鸣，都有自己的方法论，都能透过现象看本质，注重本质的思考。而很多人之所以无法改变现状，就是缺乏看到本质的能力，因而容易迷失在表象里，无法坚守长期主义。

什么是长期主义？就是在时间的累积中获得复利，做正确的事情。

有人问过任正非一个问题："华为成功的秘诀是什么？"

任正非是这样回答的："华为就是一只大乌龟，二十多年来，只知爬呀爬，全然没看见路两旁的鲜花。"不被各种所谓的风口所左右，只傻傻地走自己的路。

很多人都想一夜暴富，但追求速成的结果往往是：越想得到，就越得不到。为什么？

巴菲特给出了答案：**因为没有人愿意慢慢变富。**

虽然挣快钱是件顺应人性的事，但普通人不要老想着怎么挣快钱，因为当你的能力撑不起你的欲望时，对你来说，挣快钱可能是一种灾难。人生是一场马拉松，选择慢下来，傻傻坚持的人，往往才是赢到最后的那个人。

所以真正的高手，都是长期主义者。

现在很多人说我们要关注趋势、关注变化。这句话没有错，但是大家都能看到的风口，你未必追得上，所以除了看变化、看趋势、看风口，我们还要关注什么是不变的，你的精力、时间、资金提前布局在哪里，取决于你能在哪里看到一个更恒定的价值。所以看似人人都能看到风口，但事实上，能追上风口永远没有看到的这么简单。

当别人都在探索机会、寻找风口、追逐趋势时，真正的高手在观察，他们能洞穿这些变化。他们能清晰地知道未来几年内什么是不变的，人们的精力、时间、金钱花在哪里是值得的。

不变的事情，恒定不变的可能比变化还要重要。

早期房屋中介靠的是吃差价赚钱。同一套房子，你卖的时候，中介跟你说，房子太烂了，最多能卖 90 万。换个人去买房，中介又会说这个房子多好多好，最低 110 万。很多中介根本不追求客户复购，他们用假房源骗取客户看房，能搞一个是一个。

但是链家的左晖却傻傻地坚持赚该赚的钱。左晖认为，房源是共享的，客源也是共享的，所有房产经纪公司都可以拿到房源。链家不吃差价，还率先提出真房源、真信息，它卖的不是房子，而是经纪人的服务。

但链家的这种商业模式最开始差点把自己干掉，因为链家原来的优势就是门店多、房源多、信息全，共享资源后，就等于"自己抹杀自己"。

不过，链家经历了短暂的客户萎缩后，又很快重整旗鼓了。因为那些客户被大量黑中介、假房源欺骗后，都纷纷转头选择了链家。链家就是靠着"做难而正确的事，慢就是快"的经营理念，让自己稳坐市场的头把交椅。

这就是长期主义的价值。简单的事、走捷径的事大家都抢着做，最后只会内卷到无路可走，而只有做难而正确的事，才能建立起护城河。

当然，观察变化与趋势和坚持长期主义也并不矛盾。一方面，你既要了解目前的市场趋势，不断让自己学习、成长；另一方面，你也要观察哪些东西是恒定的、稳定的，自己更要有一颗恒心去坚持。

这两者在学习中是最重要也最难平衡的。但只要做到了，你的认知就能比别人高出一个层次。

这个世界上总有一些人会高估自己当下的能力，总想着一夜成名、一夜暴富、一夜成功，而低估了时间的力量，时间复利的力量。事实证明，笑到最后的人往往都运用好了时间的复利，从而实现人生的逆袭。

你做出什么样的选择，就会有什么样的人生。

05
悲观者或许正确，
但乐观者才能创造未来

真正决定一个人人生质量的，是什么？

新东方创始人俞敏洪认为，**真正决定你人生质量的，是你的选择**。

人生是由一个个选择构成的，选择质量的高低决定了你人生的质量。你选择什么样的学校、什么样的公司、什么样的伴侣，你就会成为什么样的人。

而选择背后，就是认知的差距。

十年前选择加入腾讯大厂，和现在加入，结果是截然不同的；十年前自己做一个公众号，和现在开始做，结果也是显而易见。因为蓝海已经变成了红海。

现在认为的很明智的选择，源于我们是从当下去看的，如果放在当时，没有多少人认为那是一个好选择、好机会。新机遇出现时，总是伴随很多挑战和风险，有的人看到的是困难，有的人看到的是机会。

你看到的是什么，你就收获什么。

我的影响力大了一些之后，质疑的声音就层出不穷。有人说，你成功了，怎么就能保证别人能复制你的成功？普通人能这样做吗？也有人说，努力就能成功，那还学什么成功学，喝什么鸡汤？这种课不听也罢。

没错，现在市场大环境不如从前，经济的活力也起伏不定。

但我们一定要苦中作乐，要在绝望中寻找希望。悲观主义者也许是理智的、聪明的、清醒的，但只有乐观主义者才能看到未来，才能活到未来。

悲观的认知往往倾向于理智保守，不轻易相信某件事，不会去行动，也许不会出错，但也容易错失成功的机会；而乐观的认知却是倾向于积极冒进的，因为相信所以行动，或许会出错，但也有 50% 成功的概率，至少也得到了前进的机会。

看到别人看不到的事，去做别人不敢做的事，你才能成别人成不了的事。

所以，我知道短视频赛道竞争激烈，也比许多人更熟悉直播界的残酷，但我依旧相信事在人为，一点点去打造自己的内容账号、直播间，勤勤恳恳输出好内容，最后获得了很好的成绩。我用自己的亲身经历证明，任何人都是能做得来的。只要你乐观自信，一步一个脚印，你也可以获得持续的进步。

我们会看到有的人为了做出成绩，豁得出去，站得起来，说做就做；有的人瞻前顾后，焦虑重重，事情还没开始做，困难已经想了几重山，焦虑就已经吞噬了他。

仔细想想，有什么好焦虑的呢？

因为又不是只有你一个人在焦虑，在一个经济高速发展的国家或地区，在一个人人都很努力、都很拼命的时代，没有人可以独善其身，我们要学的不是不去焦虑，而是要学如何与焦虑共处。

一个人对自己的颜值焦虑，会注重保养；

一个人对自己的身材焦虑，会注重运动；

一个人对自己的智商焦虑，会注重学习。

如果把焦虑处理好了，它有可能会成为让你变成更好自己的动力。

所以，你不用焦虑，想做就做，尝试又不会让你损失什么，如果尝试成功，还可以收获很多东西。

人与人的差距，就是这么拉开的。**乐观的人会想尽办法达成目标，而悲观的人是想尽办法给自己制造困难，给自己设限，最终画地为牢。**

《富爸爸穷爸爸》里，穷人和富人的区别到底在哪里？

观念。

所以，我一直强调，人和人的区别，是脖子以上的区别。**你的认知、你的格局、你的思维，决定了你和别人的不同。**

乐观积极，敢想敢干，勇于打破思维限制，才是成功的基础。

我经常听到很多老板担心地问,自己性格内向,是不是不适合创业?因为自己总是想得很多,不善于表达,在事情还没开始之前先预设最坏的结果。

我的答案是,不。内向不代表一定会悲观,他们不一定比外向的人差,甚至可能获得更好的人生。

内向的人善于思考,外向的人善于行动;思考是成事的基础,行动是成事的关键。当然最好的情况还是你兼具这两种性格,既能对收到的信息进行内化的处理,又能具有超强的行动力。**一个人如果同时拥有乐观和悲观两种不同的思维,并能平衡好它们,那此人一定有大智慧。**

张一鸣就是个很内向的人,起初因为他是个"技术宅",看起来过于谦和,内向斯文,很多投资大佬都不看好他。当时的投资人觉得互联网大佬都应该能侃侃而谈,张一鸣看起来显然不符合投资人的期待,但他依旧成功了,没有被性格所限制。

所以,千万不要低估一个内向的人,也不要低估一个乐观的人对于未来的想象。人对于自己、对于未来要有想象,因为人类的发展,都是基于人类想象力的增长。

蒸汽机、电灯、电脑、火箭……这些都是我们对未来的畅想和期待,我们也是在一次又一次的勇敢尝试后,不断颠覆过往的认知和突破已有的限制,才达到现有高度。如果我们止步不前,受制于思维和现实条件,不做任何的创想和尝试,我们可能还在那个茹毛饮血的时代。

没有人能一帆风顺，向前看才能迎风起航。你对未来有无限的想象力，你就有无限的可能。

所以，你选择做一个悲观者，还是乐观者呢？

06
没人想看你的崩溃，创业需要"迷之自信"

有一位创业者曾说：**"有一个阶段你会坚信自己什么都可以干成，然后另外一个阶段你会发现自己一无是处。"**

《创业维艰》的作者本杰明·霍洛维茨，从白手起家到IPO，再以16亿美元的高价成功出售公司，后来又成了一名成功的投资人。

在常人眼中，功成名就的创业者应该比一般人更快乐，但霍洛维茨却说：**"在担任CEO的8年多时间里，只有3天是顺境，剩下的8年几乎全是举步维艰。"**

老板是什么？是给员工、投资人、客户、经销商带来信心的人，给他们带来希望和未来的人。所以，如果今天的你是一个创业者、一个老板，那即使你受了天大的委屈，也请咬紧牙关，打掉牙往肚子里咽。

有很多创业者很有意思，受了委屈就到处跟人说，尤其是跟自己的员工说，以为员工会同情他们的处境。

实际上他们手下的员工会怎么想呢？员工会觉得："我要不先走吧，他那么惨，我跟着他怎么可能会有好日子过。"员工是不会给老板擦眼泪的，他们只会想：在他没跑路之前，我得赶紧给自己找后路。

老板也不能怪员工，打工人的心理就是这样的，他们本来就是拿一份钱干一份活，从根本上就无法和老板共情。作为领导，作为老板，你千万不要向员工抱怨你的痛苦，毕竟你赚钱的时候也没有多给他一分，你还是给他们死工资。反之，你亏钱的时候，也没有理由让员工理解和共情于你。

所以，你只要选择了创业，就要做好心理准备，去承受各种磨难。没人想看你崩溃，你的员工不想看，家人不想看，客户更不想看，连你自己都不想看到自己的崩溃。

当你选择创业这条路时，最重要的第一点就是要拥有"迷之自信"。

迷之自信比普通的自信更高一层，普通的自信是你只自己相信自己，**"迷之自信"指的是即使别人都不相信你，全世界看上去都跟你对着干，但你还是要相信自己。你要坚定相信自己选择了一条正确的路。**

俞敏洪曾写过一本书《我曾走在崩溃的边缘》，这是他 2019 年出的一本书，如果推迟到 2021 年出版，他一定又有更深的感受。

我们都知道，2021 年因为"双减"政策，K12 教育几乎团灭。新东方股价暴跌 90%，营业收入减少 80%，员工辞退 6 万人，退还学员的学费和员工的遣散费将近 200 亿元。俞敏洪几十年心血一夜归零。

他后来在访谈中说，当时他遭受的打击，"就像一个人吃着火锅唱着歌，正高兴时，突然锅被人掀翻了，火被人灭了"。连俞敏洪北大的校友，都觉得大势已去，劝他认栽。

确实，俞敏洪是 1962 年出生的，按照正常工龄来说，他也该退休了。

但后来的事情，我们都知道。俞敏洪带着团队摸着石头过河，切入电商赛道，创立了东方甄选平台。

起初直播间播几个小时，下单的只有主播的亲人朋友。最惨的时候，一下午只能卖几十块钱，团队人员都自嘲是"脚部直播间"。

但悲观者正确，乐观者前行。新东方一直在坚持，而坚持的结果我们也都知道了：

一夜之间，东方甄选突然崛起，此后连续创造佳绩：三天涨粉 500 万、7 天销售额超过 7800 万元……新东方的股价也一路走高，上涨超过 300%。

创业很多时候就是这样，一秒天堂，一秒地狱，下一秒是什么又是未知。

这种不稳定情况大概就是，你今天有一万个想法，信心百倍，感觉自己就是下一个世界五百强上市公司的 CEO、下一个中国首富，结果过两天你又回到了谷底，甚至担心自己的公司是不是还能坚持到月底，这个行业还有没有前途，有没有未来。

想创业当老板，就得经受在自信与焦虑之间的反复横跳。

一个创业者最宝贵的资源是什么？不是技术、库房里的产品，甚至不是银行里的存款，而是心理能量。

有个军事专家讲，什么时候一场战役算真正的结束？就是战斗双方其中一方彻底放弃了战斗意志，这场战役就彻底结束了。只要其中一方还没有彻底放弃战斗意志，这场战役就还有翻盘的机会。

所以，我觉得自信这件事情对企业家来说是非常重要的。**自信不一定成功，但是如果不自信，你大概率不会成功。**

那一个人的自信是怎么获得的？

第一，我们要有目标，我们要有梦想，但不要好高骛远；我们要仰望星空，还要脚踏实地；我们既要看到未来，也要活在当下。

真正聪明的人、有智慧的人，一定会有一套哲学去指导自己。

第二，要通过不断的刻意练习，去打磨自己的能力。

比如说，今天你是一个销售人员，你可能不会短时间里就成为一个销售高手，一个 top sales（顶级销售），那你可不可以今天定一个小小的目标：我不一定要成为业绩冠军，但是我今天要勇敢地独自拜访，勇敢地成交客户。这也是一种阶段性的胜利。

一次次小胜利推动一次次小确幸，自信当然不是空穴来风，你做了很多漂亮的事，这些事情你自己觉得精彩，别人觉得有价值，自信就慢慢累积起来了。

每一个瞩目成就的背后，都是无数次微小试炼的不断叠加，每一次的小胜利就会累积起一点自信。而这一次又一次自信的积累，就会让你变成一个真正自信的人。

自信的人在面对挫折的时候，是去反省而不是去抱怨。

老板就是给投资人、给客户、给员工带来信心、希望和未来的人。

那他首先应该是一个自信的人。他有足够大的能量，能够用自己的能量影响身边的人，然后可以凝聚他们去做一件事。一个足够自信的人是不断往上走的，他要去结交比他更厉害的人，因为自信的人更容易有向前和向上的动力。

在商业不确定的乌卡时代，在这个"黑天鹅"和"灰犀牛"频发的时代，一个创业者最重要的就是心理能量。一个没有心理能量的企业家，根本撑不到这场战役结束。只要他的心理能量还在，那么今天的谷底明天有可能就是高峰的一个起点。

07
能跳出自己的圈层做事，才是真正的狠人

人与人的差别，很多时候远远不只努力和天赋，还在于认知圈层。

因为，一个人所在的圈层，基本决定了他的人生发展方向。人终其一生，都是活在自己的认知半径里，极少有人能轻易跨越过去。

拼多多创始人黄峥，就是难得一见的突破已有圈层和认知的人，而拼多多的崛起是最好的证明。

当时国内电商已经很丰富了，淘宝、京东日趋成熟，占据了整个市场，但为什么名不见经传、不被看好的拼多多还能异军突起，甚至还打败了腾讯、百度等大厂做的电商？

这不得不提，有的时候，你的机会来自对手的错误决定。

拼多多的崛起，和阿里做的战略决策有很大关系。

2014年，阿里巴巴上市，马云成为首富，结果骂声铺天盖地袭

来，很多人说中国首富是建立在卖假货基础上的。这些报道给阿里的压力很大，于是它就调整了战略：旗下的线上商城的重心开始转向天猫，开始大力扶持大品牌的旗舰店，卖正品货。

不仅如此，淘宝还强调打假，然后一打假就打走了24万有团队、有资源、懂运营的低端商家。

那他们都去哪儿了？拼多多。

拼多多说，淘宝不要的，来它那儿吧，所以它的供给端就迅速建立起来了。

供给端建立了以后，需求端在哪里？

需求端其实比你想象的还大。

当大家在嘲笑拼多多是服务住在五环以外的用户时，却忽略了一个不争的事实，中国接受高等教育的人口还不足2.5亿，没坐过飞机的人口超过10亿，6亿人口的每月人均收入仅有一千多元，中国存在一个巨大的下沉市场。

看过农村题材的电影，了解农村的都知道，中国有数亿地地道道的农民，他们不需要品牌，不需要Logo，但是需要便宜实用的东西。还有我们父母那一辈人，节俭一辈子，不需要什么名牌，也不舍得花太多的钱，只想买物美价廉、性价比高的产品。拼多多就是挖掘的这个用户群体。

黄峥看到了被电商行业两大巨头所忽略或抛弃的空白市场，看到了大量的滞销库存产品和巨大的下沉市场。

拼多多也因黄峥对于市场、人群的精准认知和判断，一跃成为中国第一电商平台。后来，越南有一家企业复制了拼多多，用一模一样的商业模式，做得也很成功。

我最佩服的人，就是能突破很多限制的人，突破时代、性别、地域、阶层的限制。

黄峥就是这种人。他本来是个中产阶层精英，留学美国，他从小生活的环境让他离下沉用户的生活环境很远，但这并不影响他看到了，并拿下了这片蓝海市场。

他从不用自己的品位做生意，而是去看数据，去挖掘新的市场。

他不在乎能不能让上海人过上巴黎的生活，只在乎能不能让某个镇、某个村的老百姓买到便宜好用的卫生纸。

安安稳稳在熟悉的场景里做事，在已有的市场里获取流量，是最安全、最简单的，也是大多数人的选择。**但圈层边界，既是护城河，也是限制，这样的选择虽然避免了失败，但也失去了更大的成功。**

三线以下城市及乡镇人群一直存在，他们的消费需求也是一直存在的，只是很多大老板不在意，不认为存在市场机会。黄峥反其道而行之，他打入他过往不了解的圈层，走进不曾了解的群体，突破认知边界，突破圈层边界，敢于做决策，因此也抢占了先机。

如果说淘宝是搜索电商，抖音是兴趣电商、内容电商，拼多多就是社交电商。它靠朋友圈砍价、拼团，靠朋友圈裂变，打开了局面。这清晰的分类及定位背后，说明黄峥对对手也有充分的了解。

这就是我曾反复强调的，要去研究竞争对手的优劣势，用自己的优势来对抗对手的劣势，去找到新的空间。

所以，不要用你个人的品位和认知去做生意。要去找那些客户希望你做的，但你的竞争对手没有做好的事情，这对你来说，才是最好的机会。

稻盛和夫说过，**突破自我认知，事业会越做越大。**或许同一件事情很多人都察觉了，但有的人敢于打破固有认知奋力一搏，有的人墨守成规，眼睁睁地错失机会。

所以说，一个企业家的认知天花板，就是公司的天花板，只有领导自身突破了认知局限，企业才能更上一层楼。

千万要记住，你的人生，你的事业，你视野的边界都由你的认知而定义，而决定。能跳出自己的圈层做事，才是真正的狠人。

08
每个人的人生事业都需要寻找第二曲线

《纳瓦尔宝典》里有段话很扎心：

如果社会可以培训你，那么社会也可以培训他人来取代你。大家都能学会的东西是不可能让你致富的……只有你自己学到的东西，才是属于你独有的能力，才有可能让你创业成功。

这个社会就是很残酷，如果你没有专长，只会普通人都会的一些技能，那你就是个无名之辈。

在优胜劣汰的生态圈中，谁轻易被取代，那谁就先被淘汰。 如果有一天，你对公司、对社会而言，是个可有可无的人，那结果就不言而喻。

一个创业者，一个企业家，需要通过各种手段迭代优化，让自己创造的产品越来越受欢迎。而我们人，何尝不是一款产品呢？我们自己就是自己的经营者。如果不好好经营，不去迭代优化，那我们这款"产品"，也将不被认可。

英国知名管理哲学家查尔斯·汉迪曾说，任何一个有机体，无论是动物、人还是由人所创造的产品，最终都难逃"生命周期"的自然规律，从诞生、成长、衰退，到最后结束。

那我们怎么逃出"生命周期"律？

想要在商业时代活得更久，我们要学会经营自己，让自己不断增值。

其实人生就像一次创业，不在于起点怎么样，只在于我们如何去经营自己这款产品。当我们变得值钱后，我们才能真的赚到钱。

拿我个人来说，我之前是做培训的，我经营自己的方式是进行能力和资源的平移。我把我的能力平移到了短视频，这只是换了个地方讲课，只是形式上平移了，我的核心是不变的，而且我还踩中了短视频和直播的红利。

这两年培训行业非常难做，很多培训公司都倒闭了，但对我来说没太大影响，因为我已经提早实现了我的第二曲线，完成了创新。

我把传统的商业教育融入知识付费里，融入短视频里，就是进行了能力平移、资源平移这两点。所以，在行业下行的环境下，我还能找到新的增长。

企业也是一样，想要逃出"生命周期"律，就要在不断变化的时代学会平移自己的核心能力，不断迭代和创新，持续地经营自己。

现在奈飞市值有1000多亿美元，但你能想到吗，它最早其实就是一家租碟的公司。

传统租碟店的商业模式是一张碟片明码标价，你租了如果没还，就扣你点钱作为罚款。有时候客户忘了，再交罚款，心里就会很不爽，即使他知道自己该花这个钱。

当传统的租碟公司都用这套逻辑的时候，奈飞就发现了这个用户痛点。它改进了这个方法，**提出会员制**。会员一个月之内交一定量的钱，可以随便租，只要一个月之内还上，就不扣钱。

就这么一个让用户觉得占了大便宜的事情，让奈飞迅速成为美国最大的租碟店，甚至后来变成大型连锁店。

后来互联网起来了，这个租碟店的老板就干了第二件事：**做流媒体**。

流媒体就是像爱奇艺、腾讯、优酷这种视频网站。他判断未来视频网站一定会代替租碟店，大家点点鼠标就能看电影，再也不用去租碟店借来还去了。

这个逻辑非常对，这个需求也特别准确。他就是嗅到了未来趋势。

最后，到互联网彻底替代传统业务后，奈飞很快就变成了美国最大的流媒体。比迪士尼的流媒体用户还多。

但刚刚取得成功，它又遇到了新的挑战。它是一个视频网站，没有知识产权，没有IP。奈飞只是从电影公司那里买版权，然后再卖给用户。如果版权到期了，自己就很被动。

于是奈飞马上又开始新的创新，布局新的第二曲线——**做内容**。

当时，好莱坞的流量越来越多用在制片人和演员身上。很多不知名的导演、制片人和演员在好莱坞根本没有活路、没有机会。

奈飞抓住了这个痛点，开始做自己的内容，《纸牌屋》就是其做得最成功的作品之一。《鱿鱼游戏》也是其韩国团队做的。

奈飞进行了三次跨越，从一个租碟店变成了全球首屈一指的流媒体公司，再到内容创作平台。**它的本质没有变，以前是海量内容，之后是优质内容，再到专属内容。**

如今活得比较好的企业，都很善于经营自己。这不仅是公司，更是我们每个人制胜的关键。

大多数人之所以庸庸碌碌地过了一生，是因为他们虽然知道自己想要什么，却什么都不肯付出。

人人都喜欢钱，人人都想要成功，但真正赚钱的机会来临时，他们是接不住的。

如果让你长期超负荷工作，经常加班到凌晨两三点，但两年后，你能年入千万，你干不干？

如果让你经常陪客户喝酒，喝出胃溃疡，三天两头往医院跑，但是能拿下上千万的订单，你干不干？

减肥是很多女孩子天天嚷嚷着要做的事。我们经常能看到那些女明星一个月瘦 10 斤，两个月瘦 20 斤跟玩儿似的。但为什么身边的好多女孩却做不到说减就减？

很简单，我们不用靠身材吃饭。女明星如果不瘦下来还想演女主角？

没有可能，只能演女主角的妈，或者女主角的保姆。

男生戒烟也是一个道理。

男生知不知道吸烟有害健康？烟盒上还写着吸烟有害健康，可是他们为什么照样抽烟？

因为他们觉得吸烟有害健康，但不是现在，只要当下他们很健康，那就照样可以抽烟。假如有一天他们到医院去，人家直接跟他们说："你看看，你的肺上全是黑点点，如果你再不戒烟，就活不过三年，从现在开始戒，加上调理可以多活三年。"

那他们会选择戒还是不戒？当然是戒。因为生存模式决定他们的行为模式。

新加坡作为整个亚洲最小的国家之一，什么资源都匮乏，甚至连一半以上的淡水都要靠从马来西亚进口，但它却是"亚洲四小龙"之一，是亚洲经济最发达的国家之一。

为什么？

因为新加坡的企业家们知道自己的国家资源稀缺，他们就致力于打造好的营商环境，积极融入全球产业分工，在中美两个大国之间博弈，赢得更多的生存空间。

有的时候资源是一种桎梏，它既给了你优势，又给了束缚你的条件，没有资源反而有可能开发、链接更多的资源。

所以，我们也能明白，一个企业的老板为什么不改变，一个团队为什么不改变生存模式。

因为他们还活得很好，还没有感受到真正的生存危机。只有危机真的到来时，生存模式才会倒逼他们改变自己的行为模式。

任正非就是一个危机意识极强的人，他不但自己有危机感，还会把危机感和焦虑感变成一种哲学，变成一种文化，去促进企业的发展。

当孟晚舟被困在加拿大、华为受到美国打压的时候，记者采访任正非："华为是不是已经到了最危险、最危难的时候？"

可任老爷子的回答出乎所有人的意料，他说现在不是华为最危险的时候，反而是华为最好的时候。

当华为发展得比较好，大家都赚到钱时，整个团队懈怠，不服从分配，失去了当年的战斗意志；而当华为遇到危机时，华为精神又回来了，整个团队有了前所未有的战斗力。

华为为什么能成为伟大的公司？

很多人讲了太多的方法，其实本质就是，任正非是一次次主动、被动地把华为置身于危难之中，置身于生存的边缘，硬是把华为逼成了一个伟大的公司。

为什么 2021 年，全球增长最快的 20 家芯片企业，中国占了 19 家？因为前一年，欧美国家对华进行了芯片技术封锁。

我们中国人的精神就是"天行健，君子以自强不息"。当经历危机中的至暗时刻时，总有人能发现此时也是机遇窗口期。

所以，生存模式决定行为模式，很多高手之所以能成为高手，往往是因为他们主动、被动地把自己置于一个生存危机中，逼迫自己变成一个高手。

> 真正决定你人生质量的,
> 是你的选择。
> 你做出什么样的选择,
> 就会有什么样的人生。

心法篇

事业是修炼的道场

FUTURE

趋势篇

机遇，永远藏在趋势里

趋 | 势 | 篇

错过机会，
就等于辜负自己。

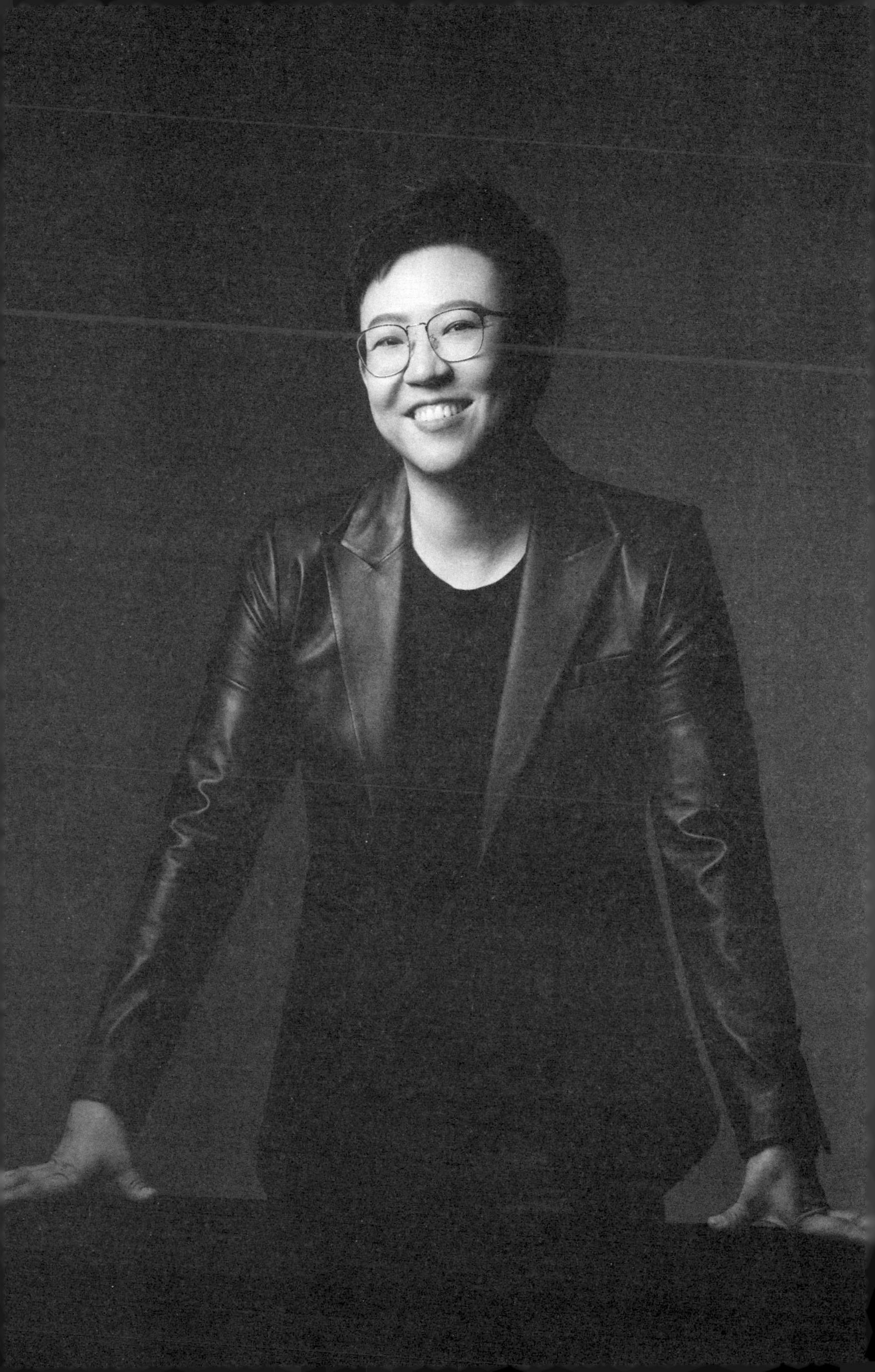

01
财富机会 = 时代算法 + 时代趋势 + 你的优势

这是个钱越来越难赚的时代,人人都关心钱从哪里来。

所谓时势造英雄,现如今,更多的是时势造就财富英雄。正如巴菲特所说:**"我的成功是因为我生在一个最好的时代。"**

改革开放后,经济的高速发展,给我们国家带来了至少五轮财富机会,每一轮都有人成为这个时代的商业王者。

第一轮财富机会是消费品的机会。20世纪90年代初,老百姓刚刚有点钱,摆脱了贫困线,想吃点好的、喝点好的,而消费品市场还存在很大空缺。娃哈哈就是在那个时候驶入发展快车道的,直到如今,娃哈哈仍是行业巨头。

第二轮是家电的机会。满足了口腹之欲后,大家也想提高生活质量。家电就是在这个时候开始涌入千家万户的,TCL、海尔、长虹等家电品牌在这一时期迅速崛起。TCL 的李东生还曾分别在 2002 年和 2004 年入选 "CCTV 中国经济年度人物"，足见在那个时代举足轻重的影响力。

到了第三轮，国家陆续取消了福利分房，开始了浩浩荡荡的城市化进程和房地产腾飞。所以 2000 年到 2005 年胡润财富排行榜前 10，最多一次有 7 位都跟房地产有关。

当各行各业都在严重过剩时，谁能够通过信息化技术更快链接上下游资源，有效进行资源配置，谁就能够获得交易中的话语权，平台经济孕育而生。而互联网的到来，又给整个社会带来了新的发展机遇，由此诞生了第四轮财富机会，叫作平台经济，也就是互联网时代。

互联网不生产价值也不创造价值，它只解决交易效率、交易成本的问题。

举个例子，在网约车出来之前，大家打车就像一门玄学。

我们凭着感觉站在路口蹲守出租车的出现，司机也得凭着自己的经验猜一猜这个时间点哪个地方有乘客，还得满大街去找乘客。这样司机和乘客想要达成交易，就有搜寻成本和交易成本。

可是今天，不管你在哪里，想去哪里，平台都能给你匹配合适的网约车，供给方和需求方可以快速达成交易。这就是通过互联网解决的问题。我们可以叫它链接匹配算法，它提高的是交易效率，降低的是交易成本。

因此，当各行各业都在严重过剩的时候，谁能够做到链接匹配算法，谁就占领了商业的主动权。

前面讲了前四轮财富增长机会，那么第五轮财富机会是什么？就是现在特别火的硬核制造、黑科技、新能源、人工智能和虚拟世界。

雷军有句经典名言："站在风口上，猪也能飞起来。"

我们如今看到的商业大佬，这些人的成功，一定是在过去任何一个时期，有意识或者无意识地踩到了历史的节点，踩中了时代的红利，于是就赶上了风口。所以当你取得某个领域成功的时候，你一定要把自己的成功归结于更大的要素，比如说时代、环境、地缘、政策红利。

因为只有这么去归结，你才会可能遇到下一个机会，不然你就会傲慢，而傲慢就会过度放大自己，从而失去机会。

那对于我们个体而言，在这个时代，我们的机会从何而来？

其实这个时代，留给我们普通人的机会有很多。

淘宝是 2003 年 5 月创立的，微信公众号是 2012 年 8 月创立的，抖音是 2016 年 9 月创立的。过去这些年，都有很多普通人通过这些平台赚到了钱。

在淘宝开店刚刚盛行的时期，你肯定也体验到了网上购物的便捷性，那有没有想过自己也开个店？

在公众号特别好做，随便发个笑话都能涨很多粉的时候，你有没有想过自己也做个号？

在抖音剪个卡点视频都能获赞几十万的时候，你有没有想过剪点视频分享出去？

有些人把想法变成了现实，有些人的想法永远只是想法。

现在是短视频的时代，也是个体被看见、被无限放大的最好的时代。拿我个人来说，在商业这个赛道上，我虽不是粉丝最多的，但可能是在同时期的账号里粉丝增长最快的人。

很多人说我之前在商业教育领域默默无闻地耕耘，突然横空出世，被这么多人关注，真是太幸运了。

很多人认为张琦的突然爆火就是运气好。是的，我很幸运。可是运气的背后藏着的是对趋势的认知、对职业的敬畏和对梦想的坚持。

所以没有所谓的横空出世，有的都是"蓄谋已久"的厚积薄发。财富的本质就是认知变现。

所以我们如何才能抓住机会？

时代的趋势、算法加自身的优势，就是你的财富机会。

如果你因错过太阳而流泪，那么你也将错过群星。我们这些普通人，想改变命运，就需要抓住一些历史性的机会，不要错过这种时代红利。因为对自己来说，**错过机会就等于辜负自己**。

02
未来商业的终局是什么？

在商业的乌卡时代，黑天鹅、灰犀牛事件频发，似乎我们每个人都必须面对一个越来越不确定的外部商业环境，所有人都活在巨大的不确定性里。在这个艰难的当下，企业首当其冲。

身边常有企业家问我，接下来中国企业还有做大做强的机会吗？如果有，机会在哪里？未来何向？变数何来？明天属谁？

想弄清楚未来商业的方向、商业的终局，首先要理解当下商业的本质是什么。

互联网可以算得上当今商业的风向标，这一点从几家互联网公司的估值能够看出来。2018 年微信估值 8000 亿元，2022 年的抖音有 5000 亿～6000 亿元估值，一旦所属公司上市，达到万亿元不是问题。

很多人会有一种误区，认为微信、抖音最大的价值是它们的软件技术，是算法功能。

都错。**微信、抖音最大的价值是它们的用户。**

我们今天反复在讲终局思维，**商业的终局自始至终都没有变过，就是在抢人，抢夺人的时间和空间。**

随着市场的成熟，新用户的数量越来越少，增长变得越来越困难，于是各家都下场参与抢人大战，尽可能多地抢夺用户。

拼多多为什么能横空出世？因为它在线上流量增长见顶的时候，抢到了一大批线下流量。拼多多的重度用户基本全是我们父母辈的中老年人，如今我爸妈买瓶酱油，买卷卫生纸，已经不去实体店了，都在拼多多上买。

所以，拼多多赢就赢在了它的抢人战略上：线上抢不来的新用户，就去线下抢。

当互联网巨头都在争夺一、二线城市的精英流量，不断砸钱优化产品体验时，拼多多瞄准了三线以下的城市、县镇、农村市场，让那些几乎不怎么上网的老年人成为它的用户。

而这个群体的体量有多大呢？下沉市场，囊括了近 300 个地级市，2000 个县城，40000 个乡镇，660000 个村庄！[①]

QuestMobile 数据显示，截至 2022 年 4 月，拼多多下沉市场月活跃用户 6.92 亿，在整体中占比 58.4%。

所以成功占领下沉市场的拼多多，能在互联网巨头厮杀的局势中脱颖而出可以说是毫无悬念的。拼多多、快手、趣头条都是抢占互联网下

---

① 数据来源于《2022 年抖音下沉市场数据洞察分析报告》。

沉市场的经典案例。

那么，问题来了：当线上、线下流量都被抢光，互联网的用户增长几乎见底之后，未来的互联网公司还能拼什么？

还可以拼一件事，用户的停留时长。

现在每个人的手机里面下载了很多的App，谁也用不过来这么多，用户在哪个平台停留的时间长，哪个平台的价值就高。**所以互联网公司拼不了用户增长时，就开始拼用户时长。**

当物质稀缺的时候，我们努力地填满用户的空间，用电视机、电冰箱、衣柜、洗衣机装满用户的客厅、卧室和厨房；当物质过剩的今天空间已经被填满了，我们就要努力地去抢占用户的时间。

卖衣服的人，不要一天到晚想着怎么填满女孩的衣柜，你要在小红书上、抖音上通过内容输出教女孩怎么化妆、穿搭，怎么变美、变自信，这时候你就在抢占用户的时间。

包括线下生意也是。2019年一个书店走红全网，叫茑屋书店。互联网对线下门店的生意冲击那么大，为什么一个实体书店还能赚钱呢？

这世界上的消费品只有两种：一种叫经营用户的空间，一种叫经营用户的时间。

茑屋书店的本质不是卖书，而是卖生活方式的提案；茑屋书店的本质不是一个卖场，而是打造一个空间，让用户度过一段愉快的时间。

在经营用户时间这个维度上有三种生意。

第一种生意是帮用户节约时间。干洗连锁、外卖、家政服务，包括这两年崛起的陪诊服务，都是在节约用户的时间，你花钱让别人做这件事来节约自己的时间。

第二种叫帮用户消磨时间。网络游戏、网络小说、短视频都在帮人打发时间。所以当物质得到满足的今天，拼的就是谁能在精神需求上满足用户、抢占用户的时间。

第三种生意叫帮用户度过一段美好的时间。比如文旅小镇、咖啡馆，还有现在年轻人特别喜欢的剧本杀，以及刚刚提到的茑屋书店，都是在帮用户度过一段美好的时间。

思维打开之后，你会发现跟你抢生意的有可能不是你的直接对手，所以我说干掉KTV的不是更好的KTV，而是密室、狼人杀和剧本杀。因为KTV是80后的狂欢，在95后和00后的年轻人眼里，只觉得无聊。他们更喜欢互动感和参与感强的活动，比如密室、狼人杀和剧本杀。

所以不是一个KTV干掉了另一个KTV，而是诞生了一种新的抢占年轻人时间的方式。

以终局思维想清楚商业本质后，未来商业的终局就豁然开朗了：

未来商业的本质是人，是用户。

在空间被填满，时间越来越贵的今天，我们要学会去经营用户的时间，要不帮用户打发时间，要不帮用户节约时间，要不就帮用户度过一段美好的时间。

03
会讲故事的人，未来一定能赚钱

每一个品牌的爆火，背后传达的东西是什么？是不同品牌的生活方式和价值理念在人群中的广泛传播。

现在我们衡量一个好的品牌、一个能爆火的品牌，有三个必备的要素：**第一是卖产品，第二是卖生活方式，第三是卖品牌故事。**

而这三者中，最高级的品牌策略就是卖品牌故事。

有一个专门经营小家电的品牌，为了卖自家新出的面包机，特意搞了一个社群，叫"100种切片面包的吃法"。

我们精心做了一顿美食，真的是做给自己吃的吗？不一定。

做完美食之后，很多人不是拿起筷子，而是拿起手机咔咔拍照，接着分享到朋友圈。所以，这个时代的产品，都必须能给用户创造分享欲，也就是用户自己想"晒出来"。

实际上，用户想晒的不是这个产品，而是这种生活方式。

就像我们平时在健身房看到的，里面有一半人在健身，另外一半人都在拍照，"拗"各种造型，有的人也没怎么锻炼就走了。

拍照是为了什么？就是前面说的"晒"。其实那些人并不是来运动的，他们是来告诉你："我真的很爱运动，我时尚、我健康、我自律，我喜欢这种生活方式。"

所以，你在做一个产品、一个服务时，要想一想，用户愿不愿意分享你的产品、你的服务。

有一款咖啡叫三顿半，它在主流电商销售平台的销量在 2019 年的时候就已经超过了速溶咖啡一哥——雀巢。三顿半搞了一个计划叫"返航计划"，因为它的咖啡是一个个的小盒子装的，你喝完咖啡之后，可以到品牌指定的咖啡回收点把这个塑料盒子再返还回去，这样就参加了爱护地球的环保活动。

这个活动让人一听就觉得好有调性。喝了杯咖啡，还专门骑辆共享单车，把喝完的咖啡盒送到回收点，在这个过程中还可以拍一张照片或者一段视频发出去，代表自己是一个环保的人、爱地球的人、践行低碳出行的人。

现在的人很少再像以前一样去晒表、晒车，那样真的很 low（低级），大家在晒的是一种精致生活的高级感。

这样的活动新中产会晒、新的人群会晒，因为品牌的背后传达的是价值观，是生活方式。**能引起用户的分享欲，这就是好的品牌。**

除了让用户晒，**最高级的品牌营销策略，其实是激发消费者的潜在购买意识，并使消费者愿意"从一而终"。**

如果没有平安夜，那苹果只是一种水果。

如果没有爱情，那德芙只是一种巧克力。

如果没有忠诚，那 DR 只是一种普通的钻戒。

但是，当我们给产品赋予特殊的意义后，它们在消费者心中的感觉也就不一样了。 每当到一些特殊的时间节点时，我们都会自然而然地想到它们。

这个世界上最难的就是获得信任，而一个好故事就是拉近一个品牌与消费者心理距离的关键。

"认养一头牛"的创始人徐晓波先前是做房地产的，2014 年他才开始跨界做乳品，但仅 8 年时间，该品牌的年营收就达到了 25 亿元规模。

徐晓波就是一个很会讲故事的人。说起为什么要做"认养一头牛"，徐晓波称，自己在香港给孩子买了 8 罐奶粉，结果因为超过限购数量，被海关关了 4 个小时"小黑屋"。此后，徐晓波决心做自己认可的"放心奶"。

知名畅销书作者罗伯特·麦基认为："故事天然受到人类心智的关注，它们能把信息包裹在故事中，一旦观众在那一瞬间将自己的感觉与主角联系起来，怀疑就会消失不见。"

成功的品牌，都喜欢用故事来包装自己的产品。

像水中贵族百岁山，这个广告拍得非常唯美，是以著名数学家笛卡尔和瑞典公主克里斯汀的故事为蓝本拍摄的。广告中，这瓶矿泉水就是可以穿越古今时空，探索记忆的媒介和信物。这种浪漫也延续到了现实中，从而俘获了用户的心。

如今，百岁山的瓶装水销量，已跃居国内前三名。

人天生对故事感兴趣，**会讲故事的人，在未来一定能赚钱。**

故事营销是抢占消费者心智最有效、最持久的工具，也最适合做低成本的口碑传播。品牌讲故事，也不是单纯地讲故事，而是加说服杠杆。因为讲故事可以缩短产品和消费者之间的距离，能让消费者对产品更加熟悉，甚至能增添消费者对产品的感情。

做好一个产品、一个品牌，第一个层面是卖产品，第二个层面是卖生活方式，第三个层面是讲故事。所以未来的企业一定是一边生产产品，一边生产内容。

与其更好，不如不同；与其更广，不如更深；与其更泛，不如更精。

04
了解年轻人，
才能了解时代趋势

有一阵我在学校讲课，有的老师跟我吐槽：有的学生毕业以后不去就业，难道他们不担心收入吗？关键是他们的父母也允许他们先休息两年，不着急就业。

有的人可能也会觉得这种现象不可思议。其实这一代年轻人的选择很多，他们的思想也很自由。

当然，这会导致企业招人难，留人也很难。

不过，先别着急批评年轻人。**因为在我看来，他们才是正常的，不正常的是我们。**

他们在物质丰富的时代成长，从小就不用讨好任何人，做事情都以悦己为主。而中年人大部分都是讨好型人格，因为我们的成长需要讨好的人太多了，所以没有自己。这一代年轻人从小就只要讨好自己就好了，照顾自己的情绪，使自己变得强大，更有主见，更坚定。

所以不是一代人不如一代人，是一代人更比一代人强。

我曾遇到过一个95后女生，我问她："你理想的爱情是什么？"

我本来以为她会跟我说，她未来老公的身高、外貌、经济条件等等。这是我们70后、80后所在乎的事情。

结果这位95后的小女生的回答，让我很惊讶。

她说："理想是我们的房子很大，各有各的主卧，他过他的，我过我的。他没事不会来找我，我也不用找他，彼此做什么都不用过问。需要对方的时候，敲一敲对方的房门就行；没事的话，彼此互不打扰。"

她可能觉得如果十年后的婚姻就会是这样，不如现在就这样。现在很多的中年夫妻，可能在孩子独立以后就过着这种生活。但是95后不一样，他们现在就想过这种生活。一结婚就想各过各的，婚姻也不能让他们放弃自己独立的空间。

这其实反映了很多95后的心态。95后是活在自己对自己的关注中的。**他们对自己的关注，超过了自己对世界的关注，超过了对他人的关注。**

想让他们成为我们的消费者，那我们的创业者就必须研读他们的心理。

现在创业，抓不住80后、90后，那就赶快抓住95后。如果95后都抓不住，就要开始布局00后了。00后可能比95后还要有个性。80后、90后、95后还在独生子女1.0时代，00后已经进入独生子女2.0时代。

因为前面的几代人即使没有亲生兄弟姐妹,他们的父母也是有兄弟姐妹的,所以他们有舅舅、姑姑、叔叔。而00后因为父母多是独生子女,他们可能不仅没有兄弟姐妹,连姑姑舅舅都没有。

所以00后长大了,你让他们去走走亲戚,他们会说:"我连亲戚都没见过,怎么走?"他们没有七大姑、八大姨。如果问他们为什么不谈恋爱、结婚生子,他们都会非常反感,也不在乎这些。他们不喜欢无聊的社交,也不想讨好任何人。

工作以后的00后什么样?

如果一个月挣8000元,00后可以花6000元。他可以花68元买一支钟薛高雪糕,花300元买一支限量版口红。甚至有的00后一个月挣8000元,愿意花6000元去租房子。他们就不想存钱。

反观70后和80后,他们是车奴、房奴。这群人刚结婚的时候国家只让生一个,人到中年还要考虑要不要响应国家的三孩政策。

我们父母所处的那个时代是不鼓励做自己的时代,个人必须服从集体。70后、80后想做自己,可是因为他们生在经济全球化和国家高速发展的时代,东西方文化的碰撞,社会的变革和发展的加速使得他们有些纠结和迷茫,追求个性又怕不被主流认可,自私又自私得不够彻底,这种明显的撕裂感在他们身上尤为明显。而90后呢,他们是中国物质丰裕背景下出生和长大的一代,他们可能更加有底气和自信追求个性。

我们都是时代的产物。

把这个性格特征放到工作中，我们会发现几代人特别不一样。

70后的人说老板在哪儿我就在哪儿，老板决定不去我就不去。70后给钱就干，80后给尊重就干，90后甚至往后的人，给什么都不一定好好干。因为他们追求的东西更自我。"赚钱重要，但是不能牺牲我的生活；公司给的物质激励我要，但我也更加看重这个公司能不能给我带来更多的成长。"甚至很多优秀的年轻人会去关注这个公司的使命、愿景、价值观是否对社会更有积极的意义。

特斯拉的人力资源曾说过为什么他们喜欢去"985""211"这些一流学府招优秀年轻人，因为优秀的人追求的不仅仅是短期的物质利益，他们更加看重自我的成长，更看重这份工作是不是能展现自身的价值，能不能实现自己的理想。

所以对年轻人的激励维度要丰富，物质、精神都需要，公司的机制、文化建设两手都得抓。

现在网上流行一个段子："80后唯唯诺诺，90后得过且过，00后重拳出击整顿职场。"

如今，00后是一群特殊的存在，他们拒绝加班、拒绝画饼，敢主动和"不听话"的老板说拜拜，他们有个霸气的标签叫"整顿职场的00后"。

很多人都不理解，觉得这代年轻人怎么这么不好惹。上一代人总是习惯于将他们不理解的事物定义为"标新立异"，但事实往往并不是这样的。

也许下一代人不听上一代人的话,反而是下一代超越上一代的开始。

我们不理解的,可能才是新的潮流,而了解未来最好的方式,也恰恰是去听年轻人的想法。

05
真正的高手，
都在用未来的眼光看现在

马斯克曾发表言论："用不了多久，我们就会像今天看待蒸汽机一样看待汽油车……未来，燃油车就会被当成古董。"

这样的言论确实很有争议，尤其是已经买了燃油车的车主，更觉得这句话是一派胡言。

几年前，如果有人买一辆新能源汽车，大概率会被他身边的朋友当傻子一样看待。因为当时充电桩很少，没加油站那么普及，而且就算找到充电桩了，也得花一两个小时去充电。浪费时间不说，过个三五年电池老化了，又得花很多钱去换新电池。

但是，这个世界上没有什么是永远不变的，永远不变的只有变化本身。

当我们以发展的眼光来看待这个观点的时候，你会发现，马斯克的话是有道理的。

中汽协数据显示，2022年8月新能源汽车销量为66.6万辆，新能源乘用车零售单月渗透率已经超过28%了。数据是不会说谎的，如今，新能源汽车产业可谓"一路凯歌"。

而相对应的，燃油车的时代正在"落幕"。

此前，欧盟已经就"到2035年禁止在欧盟境内销售燃油汽车"达成共识。

中国也已开始行动。海南省打响禁售燃油车第一枪，明确到2030年全岛全面禁止销售燃油汽车，海南由此成为中国首个禁止销售燃油汽车的省份。

有的人开始说，现在买燃油车，无异于在智能手机时代买功能机。

著名经济学家任泽平也做了形象的类比：在功能机时代，诺基亚是世界的霸主，一度占据了全球手机出货量的40%，后来乔布斯发明了苹果手机，我们迎来了智能机时代。两三年的时间，诺基亚就从世界霸主地位快速衰落。

现在全球燃油车也在面临着诺基亚时刻。

也许再过5~10年，那个时候，如果一个人买车，买的是燃油车，身边人会像看傻子一样看他，就像曾经他们看买新能源汽车的人一样。

甚至有的人说，**当下不投新能源，就像20年前没买房。**

时代的大浪潮滚滚而至，我们应该时时保持敬畏之心。**时代在变迁，**

社会在进步，没有永恒的商业模式，只有时代造就的商业模式。

100年前，没有人能想象在没有电梯管理员的情况下乘坐电梯。现在，你无法想象的是一个有电梯管理员的电梯。

房地产行业也是一样。过去房地产占了经济发展的很大一部分，随着出生率下降、人口老龄化情况加剧，用未来的眼光再看现在的情境，过去支撑中国经济的房地产走下坡路是必然的。

很多专家都认为房地产的黄金时代已经结束了，我认为这是一个大概率事件。

为什么？

因为房地产是一个短期看政策，长期看人口的行业。当全面人口红利消失，城镇化到一定程度后，房地产要想实现过去那样高速发展是很不现实的。因为支撑房地产高速发展的底层要素在发生剧烈的变化。

中国老百姓的财富有70%都和房地产绑定在一起，中国很多地方政府60%~70%的收入都来自卖地，银行60%~70%的贷款都跟房地产挂钩。所以中国人买房子不仅仅是拿来住的，更是拿来做资产的保值、增值和抵御通货膨胀的。

房地产的背后不是房子，是人。

房地产的未来也不能围着房子转，一定要围着人转。因为房子可能越来越多，越来越不值钱。同一个城市，房买在哪个位置，周边配套如何，10年以后发展如何，都会影响房子的价值和价格。

如果你作为房产中介，今天开个公众号，或者做一个短视频账号，输出优质的内容，教会买第一套房的人要怎么做决策，告诉要换第二套房的人有什么注意事项，让客户在每一次买房的过程中都能想到你，觉得你是专业的，在你的指导下他总能买对，不会买亏，那你就能做一辈子的生意。

理论上，未来大多数城市的房子可能都会严重过剩，真正有需要且有购买力的人群才是最有价值的，不管是居住需求还是投资需求，如果能够找到匹配的人群，道理上来说，你可以卖全世界所有的房子。所以，房地产千万不能围着房子转，一定要围着人转。

这一切的基础都是，你要看清事物的本质和底层逻辑。看清一个行业的过去、现在和未来。我们今天所做的任何事情，都决定了我们的未来。

高手都是用未来的眼光去看现在的。

马斯克的下一个目标，是在 2050 年之前，把 100 万人送到火星上去生活。

当初，马斯克认为如果汽车一直消耗石油，那么污染就会越来越严重，石油也总会有耗尽的一天，所以他去做了电动车。而后来，他认为地球总有一天会不再适合人类居住，火星移民计划可能会成为人类的"挪亚方舟"。

马斯克的想法太超前了，很多人都认为他是疯子，他也常常被认为是来自未来的人。

你可以认为这是一个荒唐的幻想,你可以把它当成一个愚人节的笑话。

但,万一未来真的实现了呢?

我们要知道,用过去的眼光看现在是不可思议,用现在的眼光看现在是困难重重,用未来的眼光看现在是一切皆有可能。

06
旧商业时代变现关系，
新商业时代变现数据

有部纪录片叫《隐私大盗》，它讲了美国大选期间，英国剑桥数据公司利用 Facebook 的用户个人信息，推算出用户的性格、喜好、关注的问题点等，从而通过推送个性定制的信息，令本来民意不如希拉里的特朗普，在大选最后时刻实现反转。

看完纪录片后，你可能会感到恐惧，**大数据竟然能操纵一个人的心智和行为**。

现如今，大数据确实无时无刻不在影响着我们的生活，也的的确确改变了我们的生活。

比如你是做保险的，在传统商业中，周围天天结交的人就是你的潜在客户。你为了能拉到更多保单，就去跟他们搞好关系，关心他们的生活。有一天有人找你来买保险了，你就可以变现他对你的信任。

传统商业就是在变现关系、变现信赖。但致命的弱点就是这个关系变现一次，就弱化一次。

但新商业时代，是大数据的时代。你可以拍短视频，做直播给你的潜在用户看。现在很多短视频平台也都支持推送给精准用户。

未来公司最有价值的不再是关系，而是数据。一个企业必须有自己的用户数据，否则很难在未来的智能商业时代取得话语权。

奈飞的团队通过研究用户数据发现，用户在每部影视作品的标题上通常会花费 1.8 秒，而每部影片的图片背景是影响用户是否观看的最关键因素，因为它们占了用户浏览内容的 82%。

因此，为了提高用户指向图片的"第一眼"转化率，就需要从整部影片中找到最适合的一帧作为封面。

那问题来了，海量的电影和剧集，怎样才能给它们匹配上多变、符合不同国家和地区不同审美偏好用户的封面图？

奈飞组建了一个数据科学与工程团队专门负责设计，并借助算法和工具来处理图片。

而在内容推荐上，奈飞不再用 5 分评级系统去给用户推荐内容，而是根据不同标签的用户点赞行为，去给更多同样标签的用户匹配内容。

这就是用用户数据来反哺用户。网站获取用户的数据越多，就越能针对用户的反馈做出更符合用户预期的调整。

所以，为什么奈飞能频出爆款？就是因为海量的数据能让它预判用户想看什么，对什么内容感兴趣，什么内容能触动用户。比如大火的《纸牌屋》《鱿鱼游戏》，就是这样的内容制作模式下的产物。

因此，人工智能和大数据给商业带来的最大改变就是：**从关系变现，变成数据变现。**

这个特点几乎可以渗透到各行各业。你以为特斯拉只卖车吗？卖车只是它的入口。卖车不是特斯拉最赚钱的业务，最值钱的是与车相关的数据，值钱的是入口平台和生态。

现如今，特斯拉正式进入保险行业了。很多人跟我说，张老师，特斯拉进入保险行业有什么了不起的，不就是卖车的同时再卖几份保险吗？

错了。特斯拉进入保险行业，会彻底地改变整个保险行业的生态。

首先，特斯拉开的保险公司，定价的方式跟市面上的保险公司都不同。

特斯拉车主在开车的过程当中，车子的传感技术就会抓取车主的所有开车习惯。比如，你有没有经常踩刹车，你有没有夜间开车，你跟前方的车距保持得如何，等等。这些数据抓取完，就放到特斯拉的后台，从而形成智能定价。

如果你开车习惯比较好，不怎么踩刹车，没有夜间开车的习惯，并且跟前方的车距保持得好，它就判断你是个很谨慎的人，不容易出事故，给你的保费就比较低，给你的优惠就比较大；反之，它就判断你这个人出事概率比较大，给你的保费就比较高，甚至可能无人给你承保。

这样一来，特斯拉的保险定价就更为公平，更加精准。

特斯拉凭这个定价，就可以把很多保险公司干掉。因为保险公司更希望更多开车习惯好的人买保险，而不是那些开车暴躁的人买保险，否则买完之后它们还得给那些人赔偿。

所以，大数据赋能的智能商业时代已经到来了，对特斯拉来说，卖车可以不再是最重要的盈利点，硬件可以少赚钱、不赚钱，车只是一个入口，真正最值钱的是数据所产生的其他商业价值。

另外，无人驾驶时代即将到来，车以后还会成为除了家和办公室以外的第三空间。人们待在车上，第三空间能给你实现特别多的功能。未来在这个空间里，你可以购物、可以娱乐、可以社交。

这就是未来商业的新趋势，下一个风口就是人工智能和大数据。和这一切相关的行业都会有极大的发展空间。

而因为有了大数据的赋能，我们能更加精准地把握用户的需求和潜在的欲望。

你可以思考一下，如果今天你的客户是间门店，其最大的痛点绝不是没有货。门店需要的是什么？吸引流量。

我把这叫作隐性需求。杀手级的隐性需求是客户内心的一种渴望、一种欲望。发现客户的隐性需求是一种能力。

怎么做？你一定要学会梳理需求。**梳理需求就是要明白在卖一个产**

品时，哪些是必须有的，哪些是不能有的，哪些是应该有的，哪些是可以有的，哪些是没必要有的。

在奈飞的网站上，围绕用户的维度，有性别、年龄、浏览过的电影、喜欢的明星等过往阅览记录；围绕某个电影的维度，有年代、导演、演员、风格、题材、用户评价等。

围绕两个主体的数据维度越丰富，越能在两者间建立精准匹配的关系，让企业以更好的体验扩大用户群，不断强化自己的优势。用户越多，网站获取的用户行为、用户反馈越多，就越能精准地满足用户的个性化需求。

满足客户的一般需求只能让你维持生存，实现核心需求可以让你成长，发展隐性需求可以让你爆发式增长。

所以下一步就是要发展隐性需求，实现价值升级。

我有个学员是卖超市货架的，卖一个货架是产品，可其实超市需要的不只是货架，它需要的是产品陈列的系统解决方案。想了解超市面积有多大？货架放在哪里合适，该怎么区隔？把产品放上去后，人们能不能拿得到，拿货的比率是多少？能不能增加顾客和销量？

用户不一定会跟你讲，但他们一定会这么想。你以为你在卖货架，实际上他们需要一整套解决方案，他们就是这么"贪得无厌"。

所以，如果你能给他们提供一整套运营系统，这才是真正满足了用户的隐性需求，未来的商业时代必有你的一席之地。

07
成为一个细分赛道的头部，你才能赚更多钱

现在很多老板有一个共识，觉得好客户越来越少了，拓展流量越来越难了。

其实不是，市场就在那里，机会依旧存在，钱总是有人在赚。

有位学员的公司最近刚拿到了融资，他做的领域你可能都想不到。

一个非常小众的领域，健身里的提臀和瘦腿。

问他为什么选择这个赛道，他说健身、减肥的市场很大，竞争压力太大了，所以就专切一个领域，做局部瘦身。

所以你看，不怕你迈的步子小，不怕你做的事小，只要你找对了赛道，一样有赚钱的机会。

但前提是，你先要建立一个正确的认知：**成为一个细分赛道的头部，你才能赚更多钱。**

因为现在大部分看似很好的市场，基本已经被大公司占据了，你一个新手这时入局，很难迅速出头，基本没有机会分到大蛋糕了；但你可以另辟蹊径，在细分领域中寻找突破，因为没有人做，你做好了，成为这个领域的第一，你就能很容易快速打出名声。

做不了第一，就要做唯一，就是如此。

我前面说过一个叫薇诺娜的国产护肤品牌，刚开始是亏本的局面，但后来在深圳成功上市，市值最高峰时期达到了千亿元。

它是怎么做起来的？

当时它的团队分析和欧莱雅、资生堂这些国外的化妆品公司去竞争做护肤，实际上是没有任何优势的，所以果断不做全面护肤，去做了问题肌的护肤。

问题肌存在很多分类，但只做抗敏、舒敏。

有人可能就说，领域会不会太细了，市场够不够大？其实了解了整个市场之后，就能发现够大了。把一个细分领域做到极致，也是一个大市场。所以，你看薇诺娜是怎么成功的。它说护肤赛道太大了，它只做问题肌的护肤；问题肌它也觉得太大了，它只做抗敏、舒敏的。就这么一个十分新的市场，一个小众的人群，一个小众的产品，一个小众的服务，居然让它做到了上市。

因此，不是你们赚钱难，是因为时代的算法变了，而你们没有跟上这个时代。

我常说，拿着旧地图，是无法发现新大陆的。**在过去的认知里，是解决不了今天的问题的**。功夫下再多，成本投入再多，没有找到合适的方向，也白费心思。

选对赛道，看清商业趋势，才是你赢得比赛的前提。

小米就深知这一点，它虽然跨品类做了手机、电视机、吹风机等，甚至还去造车，但经营的人群画像一直都很清晰。比如，刚开始打出的卖点是"发烧友"、高性价比、理工男，受众人群就是不追求炫酷的外表，注重实用性的人。

所以，做品牌的核心，是找到精准的、特定的人群，打穿他们的痛点。

现在的商业模式已从"物以类聚"，到了"人以群分"的阶段，旧商业模式已成过去时，大众时代已成了分众，甚至是小众。人以群分，才是新时代最大的特点。

再举个例子。我们小时候常见的娱乐明星，是上到 80 岁，下到 8 岁都认识的，比如全民偶像刘德华、郭富城、张学友、黎明、小虎队，没有人不知道；但现在很多明星的名字，你可能听都没有听过，别人给你讲一遍，你大概还是记不住，但在明星的粉丝群体里，他们的号召力是很强的。

这就是不同的人群，不同的倾向。

同样，抖音上父母刷的一些东西，比如说凤凰传奇的一些歌，在中老年群体当中传播率是非常高的，但年轻人可能没怎么听过他们的歌曲，那么他们的关注度自然没有在中老年人群体中高；当然年轻人喜欢的说唱，老年人也不会去欣赏。**大众市场正在逐步消失，人群分群消费的偏好趋势越来越明显。**

还有很明显的一个对比：过去 60 后收藏普洱，现在 90 后收藏泡泡玛特。很多 60 后、70 后可能会看不上泡泡玛特，认为一个塑料玩具没什么值得收藏的，但其实这没有谁更高端，谁更低端之说，只是时代不同，人群喜好不同而已。

旧商业物以类聚，新商业人以群分。

过去分类即定位。你是做培训的，你是做餐饮的，你是做服装的，按照品类来划分，这叫作旧商业时代。

新商业时代叫人以群分。品类可以跨，人群很难跨，认知很难跨，商品市场卖的不是产品，买卖的是客户的认知，而占领了客户的认知等于占领一切。

对创业者而言，消费者群体的划分会越来越细，这背后就是巨大的商业机会。

过去，一个产品就能满足一个人的所有需求，如早期的大宝 SOD 蜜，女孩子有这么一瓶护肤的就够了。但现在，一个女孩可能需要保湿功能的产品，还要美白功能的产品，还要祛痘除皱功能的产品等，其他不同人群的不同用品也是如此，人们的消费需求越来越多元，品类也会不断分化。

所以，在这个过程当中，作为创业者，你或许并不需要一个很大的市场。我们要做的是小池塘里的大鱼，而不是大池塘里的小鱼：大池塘里的小鱼很容易被吃掉，但小池塘里的大鱼，永远有东西吃。

努力成为一个细分领域、细分赛道的头部，你同样能够赚到更多的钱。

08
女性的进步必将带动女性经济高度崛起

很多人都问过我,为什么我能在短短几个月时间里,就获得8000多万粉丝,作品收获全网100多亿播放量。

其实我也做过很多分享,但抛去各种"道"和"术"方面的心得,我认为也许女性身份让我更容易获得更多关注。

因为企业培训、企业服务、商学培训原本是属于男性的世界,而我属于在男性的世界里突然杀出的一名女性。

就我的粉丝而言,做号前期,我的粉丝70%都是女同学,但后来男同学越来越多了。

有个男生就曾跟我说过,刚开始刷我的视频时,他并不是真的喜欢我,因为我谈论的很多话题都是男人谈论的,我作为一个女人去谈,还这么会说,触犯了他们的领地。但后来,他发现我讲的很有道理,进而成了我的粉丝。

这种现象，不仅在我身上有所体现。这几年我们发现很多领域都出现了越来越多优秀职业女性的身影，我们可能迎来了一个对女性特别友好的时代。

传统的家庭模式是"男主外，女主内"，现如今，越来越多的女性参与了就业、创业，越来越多的女性成了职场当中叱咤风云的中坚力量。

有个数据显示，2021年，中国女性劳动参与率超过62%，居世界第一，其中20～55岁的中国女性劳动参与率高达90%。

而另一个数据，同样让我惊讶，《2020年创业信心报告》显示，潜在创业者中，有创业意向的女性占比达55%，高于男性人群的51%。

创业是件很冒险的事，"一秒天堂，一秒地狱"的事情时常发生，但女性却勇敢地顶起了半边天。

2022年有部热播剧叫《风吹半夏》，里面的女主角许半夏，就是个典型的独立女性。其实，这两年只要是拍"大女主"的戏，总会拍一部，火一部，因为整个社会的舆论和价值观是越来越支持女性的解放、女性的独立的。

社会的价值观发生了改变，不再要求女性只做一个贤妻良母，去围着老公转，而是鼓励女性做独立的自己，鼓励女性拥有更大的梦想和事业的空间。

所以我鼓励女孩子，追逐梦想、追求个人的成长，我相信我们今天已经迎来了一个大女主时代。更多的女性声音能被听到，更多的女性成长能被看到，女性也在用自己的力量，让世界变得更好。

过去，中国能登上太空的航天员都是男性，但如今刘洋、王亚平两位女性，都先后飞上太空，王亚平更是首位在太空超过100天的女航天员。越来越多优秀的女性，开始在男人的世界当中泼洒着属于自己的亮丽的色彩。

此外，女性拉动GDP的力量也不容小觑。

有个词叫"她经济"，其实就是女性经济。今天的社交电商，今天的社交新零售，全部都是围绕女性经济展开的，因为女性更善于分享。

喜茶就是个很典型的例子，它的崛起全是靠一帮美女。美女买了一杯喜茶，就会在社交媒体拍个照去分享，而男生却不怎么会分享。女孩发朋友圈的频率、发微博的频率、刷短视频的频率，都高于男孩。女性是天生的信息传播者。

农业社会靠体力，男性肯定占主导，工业社会的机器还是要靠一定的体力，但互联网社会靠信息、靠分享、靠沟通、靠共情和共鸣，女性的这些能力还往往高于男性，所以女性收入的崛起、女性地位的提升，是这个时代必然的趋势。

而女性变老之后，又能催生一个叫"银发经济"的市场。

谁要是掌握了广场舞大妈，谁就掌握了中国家庭消费的主要力量。

为什么？因为广场舞大妈有钱有闲，不仅决定了家庭的消费，还决定了钱花在什么地方。

其次，大妈的传播力非常强。大妈买了一个东西后，呼啦来了一群人，其他人问她这个东西怎么样，大妈绝对不会说不好。如果你再告诉她，买了之后还能得积分，要是带 10 个人，还能给她折扣，那大妈肯定会比业务员干得还勤奋。

但社会对女性越来越友好，并不代表女性就可以躺平了。

你可以一天整成女明星，可是你不可能一天变成林徽因。任何的青春和美貌都是有保质期的，20 岁的你可以靠自己的青春和美貌获得一些竞争力，30 岁也许还有，40 岁可能还有一点点，但一个人不可能永远靠自己的颜值去获得竞争力。

女性最美的不是脸蛋，而是从容、智慧、对生活的理解和感悟。这些才是女性的底气。

反过来讲，如果一个女孩子把自己的事业、梦想、青春全部都寄托在一个男人身上，她对男人也是一种束缚。

"一个男人优秀一代人，一个女人优秀三代人"，男人也都希望孩子的妈妈情绪稳定，是睿智的、有逻辑的，有比较高的认知，这对下一代的培养一定非常好。所以鼓励女性的成长、鼓励女性的独立和鼓励女性的解放，反过来男性也是受益者，男性也能因此获得解放。

因此，女性的解放、独立，女性获得平等的对待，是文明的体现，也是社会进步的体现。

我们要感恩这个时代，能对女性越来越宽容，给女性越来越大的自由度。

而今天的新时代，女性也正以坚定的步伐，以独立的姿态，以更温柔的力量，让这个世界变得越来越好。

> 与其更好,不如不同;
> 与其更广,不如更深;
> 与其更泛,不如更精。

趋势篇

-

机遇,永远藏在趋势里

番外

EXTRA EPISODE

番外篇

八个人生真相，
越早看懂，
越少踩坑

番 | 外 | 篇

这个时代慢就是快，快就是慢。

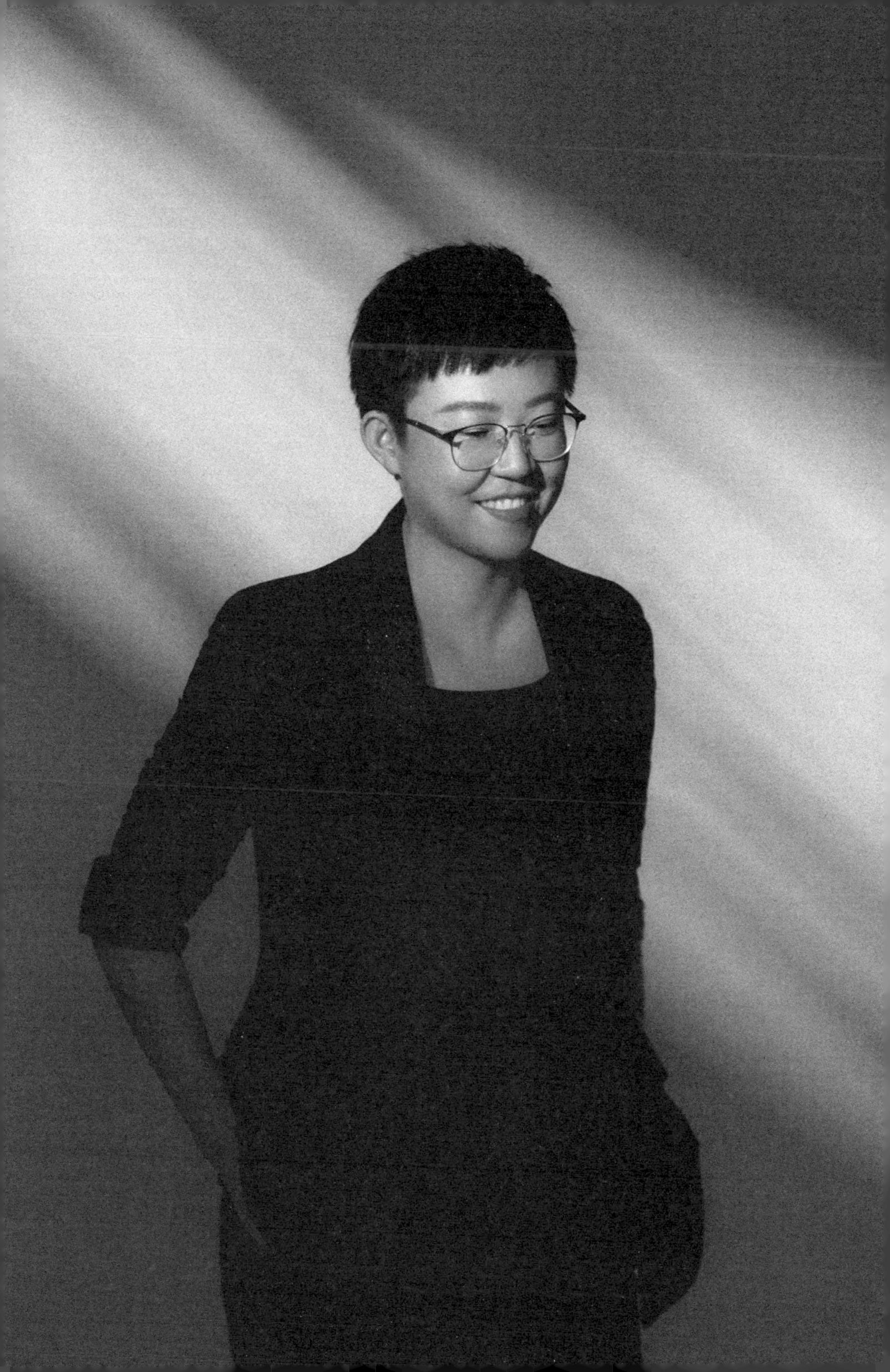

01

人生最重要的两件事：
和谁一起生活，跟谁一起做事

人这一生，有两件事最不能马虎：**一是选对爱人，二是找对事业。**

因为是两件事组成了我们一天的开始和结束。太阳东升，我们便开始投身事业；夕阳西下，我们和爱人相拥而眠。

首先，在选择人生伴侣上，我们要有一个正确的爱情观。这个世界上不存在该结婚的年纪，只存在该结婚的人。

两个人能在一起，一定是三观一致，能创造 1+1 > 2 的价值，而不是一个灵魂去拯救另一个灵魂。我们不要把生活寄托在"别人爱不爱我"上，不要去索要爱，而是要双向奔赴、彼此给予、相互成就。

有些人问我："张老师，我家孩子初中就早恋了，该怎么办？"

其实，人都是有逆反心理的。恋爱这种东西，就像一个小火堆，你不碰它，可能慢慢就熄灭了；但你去扒拉它，火苗就会蹿得更高。

但初中开始和一个男生谈恋爱，甚至确定对方就是将要和自己相伴终生的人，就为时尚早。如果他将来考上了"985""211"高校，你也考上了"985""211"高校，那至少国家就已经帮你做了筛选。虽然，能否考上名校，并不是判断一个人是否优秀的唯一标准，但至少能证明这个人要么智商足够高，要么学习足够勤奋和认真。

一个男人最重要的魅力，不是身材，不是颜值，而是能够在格局上、思维上、事业上帮你提高，能够弥补你的不足，能够和你携手同行，去面对人生的风雨，这才是最重要的。

所以，另一半是我们的人生合伙人，他是来和我们一起彼此加持、互相增加能量的，而不是彼此内耗的。

其次，在选择事业合伙人上，我们也要综合判断。只有在金矿中寻找金子才会比较容易，只有在肥沃的土壤中播种，丰收的概率才会更高一些。

所以选对赛道，才是真正的职场捷径。时代的趋势远胜于个人努力，你选择的一个行业，只有踩在时代的趋势上，才不会被淘汰。

而做错了职业选择，你所有的坚持，都可能是无效努力。

做事业和谈恋爱其实是相通的。谈恋爱的时候，因为对方了解你的需求，并能满足你的需求，你们才能成为伴侣。否则，如果对方只是简单的"自嗨"，他永远不可能打动你。

工作也是如此，如果这份工作不能让你有所成长，不能让你做出结果，不能满足你的需求，还总是伴随着精神内耗，那这样的公司是没法待的。你不管在公司待多久，都将会在浑浑噩噩中退化自己的竞争力，把自己的路越走越窄。

做一份没有前景和发展的工作，无疑就是和工作谈一场蹩脚的恋爱。

如果你选择的行业很有发展前景，公司也是赏罚分明、成长空间大、氛围积极向上，那你大概率也不会差到哪儿去。

选择和谁一起生活，跟谁一起做事，是我们人生的重要命题。经营婚姻就像经营一个企业，找的是人生合伙人，你们应该有共同的目标、共同的利益，协同成长，去共同面对人生中诸多的不确定。经营事业就像谈恋爱，用热爱和投入成就更好的自己，找的是彼此成就的人。所以我劝大家要用事业脑去谈恋爱，用恋爱脑去做事业。

我们只有让自己变得更强大，才有资格选择更好的生活伙伴和事业伙伴。**你越优秀，你的选择就越多**。

02
穷人才谈人缘，
富人只看价值

思想越是贫瘠的人，才越会热衷于好人缘，想当老好人。这是一种典型的穷人思维。

商业社交上有个扎心真相：**你对别人越有用，你的朋友就越多。**

穷人才谈人缘，富人只看价值。所以，面对比自己维度高的人，不要去讨好，你讨好的行为在人家眼里真的非常幼稚。

社交的本质是互惠，你对别人没价值，认识谁也没用。

在富人的世界里，很多人不讲感情，他们看的是实力，讲的是价值。你对我有价值，我们就能共同创造更多的价值。当你实力足够强、价值足够大的时候，你不需要追逐和讨好谁，志同道合的朋友自会奔向你。

社交需要势均力敌。

如果你没有什么价值，也别试图融入他们的圈子。他们身经百战，他们有着火眼金睛，你想达到什么目的，他们一分钟就看出来了。所以不要去讨好别人，更不要混这个圈子、那个圈子，混来混去，你啥也没混到，啥也不是，啥也做不出来。

真正成熟的人，都懂得把时间用在真正有用的事情上。

多去做一些有价值的事，增强自己的实力，你能创造价值，别人才会给你机会。所以与其去讨好别人，参加一些无聊的社交和无效的社交，不如去提升自己的价值。

同样，当你的位置比别人高的时候，也不要去践踏别人。人在低谷时要看到自己，"迷之自信"；高峰时要看到别人，戒除傲慢：这才是真正为人处世的智慧。

一个人最难的是保持客观和清醒。一旦你高傲了，傲慢就会产生偏见，偏见就会导致走错路。

很多大企业为什么被小企业超越？就是因为傲慢。别的企业做的事情，它们看不到、看不懂、看不起，最后被超越了。

还有一些在某个领域取得很大成功的人，也是一样。他们对自己身边的人不好，对自己的员工不好，对自己的客户不好，反而把各种心思和精力花在讨好比自己位置高的人上。到头来，只是白忙活了一场。

他们就是因为傲慢，而错过了一个机会或者走错了路。

越高高在上的人，层次越低；越谦卑的人，层次越高。

最后，我想强调一点：面对比你富有的人，与其费尽心思拉关系、

谈感情，不如想想怎么创造价值，成为一个别人眼中价值高的人；面对比你贫穷的人，也不要随意践踏别人的尊严，你可能会换来一个你根本无法承受的结果。

这不是什么智慧，这就是常识。这个世界上，可怕的不是贫穷，而是无视常识。

03
爱是父母给孩子最好的教育

有个同学问我：在当前的"双减"政策之下，我们好像对孩子的教育也迷失了头绪，该怎么给孩子提供正确的建议和指导呢？

因为我不是教育专家，没办法给出特别具体的指导，但是我有一个大概的判断方向，那就是会被人工智能替代掉的行业，一定不是孩子未来培养的方向。

一个医生临床十年，能记 1000 个案例，都算最强大脑了，而人工智能可以记 10000 个案例。当你把报告书输进人工智能里，它一识别分析，就能给出诊断报告，而且还不会出错。所以，未来跟数据、统计、算法相关的工作，人工智能都会替代。未来，人工智能可能会替代掉 70%～80% 的岗位人员。

不过，尽管人工智能可以画出一幅画，但它绝对不会创造一个梵高，

因为人工智能替代不了想象力、创造力。

所以，未来给孩子培养什么样的能力？

培养人工智能替代不了的能力：共鸣、共情、创造力、自信等。因为情感的培养、完整人格的培养、自信的培养、幸福力的培养、创造力的培养，这些东西人工智能都替代不了。

只要你的孩子具备这些素养，学什么专业真的一点都不重要。

所以，我们做家长的，不能太功利化，要能接纳自己的孩子是与众不同的，要去发掘孩子的天分和热爱所在，而不是流水线生产"标准化"的孩子。

我觉得我的父母是我人生最好的榜样。他们对工作和生活都非常认真，彼此恩爱，对他们的父母也很孝顺，所以我从小到大，都是在一个爱的环境中长大。重要的是，我的父母对我其实没有什么要求，不会要求我成为"别人家的孩子"，而是更关心在这个过程中，我有没有去努力，去尽力，去付出。

正因为他们对我没有那么多的期待和要求，反而让我更加自信，让我可以更自由地去发挥。

那我们在培养孩子的过程中，怎么去激发他们的动力呢？

第一，我觉得孩子没有动力的根本原因，是痛苦不够深，梦想不够大。

有一句话叫作"穷人的孩子早当家"，因为没有父母可以依靠，只能通过自己的努力，只有通过读书才能改变命运，他的痛苦足够深，所以他才有源源不断的动力。

对于很多不用为生活发愁的孩子来说，想要从学渣变成学霸，不是要提升学习方法和学习技巧，而是要找到学习的动力，让孩子搞清楚自己为谁而读书，为谁而努力。不是为了父母和老师，而是为了自己。好的父母一定乐于给孩子心中植入一个属于他自己的梦想。让孩子拥有自己的人生目标，激活孩子的梦想，才能让孩子成为最好的自己。

另外，我们不要常立志，而要立长志。如果有一个很高的人生梦想，那一个人当然就会做好今天的规划。

第二，其实我们不需要给孩子提很多的要求，你只要去爱他就行了。因为爱是信任，爱是尊重，爱是平等的对待，爱是去成就他。它是最强的力量。

很多时候孩子爱父母是无条件的，有的时候父母爱孩子反而是有条件的。"你得听话，你得成绩好，你得给我长脸……"实际上这种方式会影响他的自由发挥。什么是父母最好的爱？是让孩子成为他想成为的人。孩子不是父母的私有财产，也不是父母生命的延续，他来到这个世上本来就是独特的存在，父母的爱是让孩子成为最好的自己。

所以，我们就用爱的力量去改变别人。这个世界上，也只有爱的力量才能让一个人愿意去改变，愿意发自内心真正彻底地去改变。

04
你的自我价值从何而来

有人问我:"张老师,该怎么提升自我价值?"

很多时候自我价值可能是个很虚幻的概念。换一个角度思考,也许自我价值来自外在世界的一种需要。

客户的需要就是商业的价值,员工的需要就是领导的价值,爱人的需要就是恋爱的价值。

衡量一个人的价值,不在于他有多大价值,而在于他对他人有多大价值。

心理学中有个"人际关系的资源理论",意思是:所有的人际交互,实际上都是一种交易,人们合作是为了相互给予和获取资源。

在商业的世界里,成年人的交情,往往由价值决定。你的价值,决定别人对你的态度。

与其费尽心思讨好别人,不如想办法提升自己的价值,给别人创造价值，那对方自然就会给你带来价值。

爱情也是种交换，两个人之所以相爱，一定是因为两个人都是彼此的依靠，可能是事业的依靠、情感的依靠或是生活的依靠。一段感情能够存续多久，取决于彼此能给对方提供价值的时长。

有的人总是在问："他到底爱不爱我？"

问这个问题的人往往没有认清一个事实——人本质上爱的是自己。很多时候你觉得这个人爱你，或者你爱那个人，其实爱的不是这个人本身，而是他的一些特质满足了你内心情感的需要。

这也就是为什么一些女孩子会被廉价的爱吸引，因为她们内在稀缺，才会对那种东西非常渴望。我不是情感专家，但我是研究商业的人，商业的本质就是价值和交换，恋爱亦是如此。所以很多时候你以为你爱的是这个人，实际上你爱的是这个人对你的某些底层需求的满足。

如果你能想明白这个问题，那你就不会有这个疑问。反过来说，如果你什么都不能给对方提供，那对方为什么会选择你？

所以，当你需要爱的时候，你不需要"索爱"，你只需要"去爱"。

在职场中也是一样。有的人只是单纯地给老板打工，老板开多少工资，他做多少事；也有另一种人，他在为自己打工。

很显然，后者会得到更多的重视。因为他是把工作当成事业来经营的，他能够学着用老板的角度来看问题、解决问题。

而那些只会围着工资转的人，是赚不了大钱的，他们只会在得过且过中机械地重复每一天的生活。

所以，自我价值是个虚幻的命题，你的自我价值取决于能给外在世界提供什么价值。你只有不断地创造价值、不断地提升自己，才能从外界获得更多的价值交换。

05
"自嗨"式创业，只能感动自己

有次上课，一个老板跟我说："张老师，我心里太苦了，为了创业都离三次婚了，我的伴侣没有一个人能够理解我。"

我问他，他创业是为了什么。

他说，创业是为了实现自己的梦想。

这位老板真的处于一种 all in 的状态中，他觉得自己很悲壮，觉得自己很"英雄"，这种自嗨式的努力，到头来只感动了自己。

你的梦想很重要吗？客户为你的梦想买单吗？投资人为你的梦想买单吗？客户会因为你变得更好吗？世界会因为你变得更好吗？社会会因为你变得更好吗？你的创业有什么意义？

如果你的创业只对自己有意义，那你的创业就会变得没有意义，创业不是感动自己，而是要真正找到你服务的人群，为他们真正解决问题，创造价值。

自嗨式创业者，从某种意义上来说，是在伪奋斗，失败的概率非常大。所以你的成功是偶然，你的"死亡"是必然。

这个时代慢就是快，快就是慢。作为创业者，一定要保护和保存好自己的心理能量，这样才有精力和状态去持续不断地战斗。

如果创业者心里全是巨大的压力，那么他的心理是扭曲的，这样的心态和状态没有办法生产美好的产品，也不能给用户提供美好的体验。

因为他在做每个事情的时候都处于一种很紧张的状态中，都在想压力巨大的事情，下个月要发工资，下个月要付房租，恨不得见到每一个客户都想去成交。

在一个很紧张、很焦灼的状态当中，非常难产生好的产品和美好的体验，你会把这种焦虑感带给你的客户，你的员工也会因此逃离你。

这种状态也不可能做出好的品牌，因为你根本沉不下来。

如果你现在处于一种很焦虑的状态中，不要匆忙做决策，不要着急去做事情。我建议你静下来、沉淀下来，多去学习，多去结交高人，提升自己，把自己准备好。

创业是需要奋斗的，真正的奋斗需要厚积薄发的渐进式精进，而不是急功近利，渴求速成。这个时代大多数人都高估了一天能够做成的事，低估了十年能够做成的事。

你慢下来了，赚钱的速度可能就快了。

06
不赚钱的时候，
千万不要瞎折腾

曾经有一个同学问我："张老师，我已经 30 多岁了，服装实体行业干不下去，不知道该怎么干，您觉得哪个行业好做？"

我给了她一个很扎心的回答：**这个年代哪个行业都不好做，千万不要去轻易地换行业。**

扫眼望去，空白市场、空白机会真的不多，你做服装那么多年，现在换个行业你就能做起来吗？现在哪个行业竞争不激烈？哪个行业不内卷？哪个行业不是红海？有的甚至是红得发紫的紫海。

所以没有哪个行业好做，是时代变了，商业算法不同了。

这个时代的算法不同，赚钱的逻辑不同，拿着旧地图是找不到新大陆的。

不会游泳的人，换了游泳池，还是不会，因为他不会游泳这套方法。

总有一种声音说，趁着年轻，就要多去折腾。本来就穷，也不怕有什么可输的，说不定折腾对了，还能一夜暴富。

有这种想法的人，就跟那些想随便买一些彩票，凭此一夜暴富的人也没什么区别。

有钱的人，可以随便瞎折腾，因为他有钱去兜底。但是没钱的人不一样。你做错误的决策、走错误的方向、用错误的方法，付出的代价可能是几十万、上百万，甚至挥霍一生的积蓄。

所以，当自己不赚钱的时候，千万不要瞎折腾，很可能是白交学费。

关键你还输掉了时间，付出了时间成本。

那你需要怎么做？你需要掌握这个时代的流量打法，掌握这个时代的商业逻辑；你需要沉淀下来，用一个比较低的成本先去学习。

学习是个习惯，是伴随终身的事，就跟吃饭一样。吃饭是为了让你的身体活下来，学习是为了让你在竞争激烈的商业环境当中不被淘汰，也是让你活下来。

去投资自己，让自己变得更聪明，变得更智慧，变得有方法，才能看清当下的局势，找到破局之道。

其实我们一生都在变现自己的认知，择业、择偶、创业都是认知的变现。读书、做事、结交高人都是为了丰富生命、提高认知。创业是人生的一场修炼，赚钱是水到渠成的结果，所以我们更要专注于过程，而非焦虑结果。唯有学到老，才能活到老。

07
心里能装多少人，
就能成多大的事

员工比较讨厌什么样的领导？

就是功劳是自己的，责任是你们的。干好是他的英明，干不好都是你们太笨。

很多企业老板认为企业很多事情做不好是因为缺乏执行力，其实执行力可能是个假命题，执行力的背后其实是领导力。

强势的领导会认为，领导和下属之间是指挥和执行的关系，领导负责指挥，下属负责执行。

但真正能成大事的领导，会认为自己和下属是相互成就的关系。他会让下属有成长，让下属有钱赚，让下属有奔头。领导指导有方，下属才会干劲十足。

所以什么样的领导会让员工更喜欢？责任是他的，功劳是大家的，要去成就别人，这样的领导才是员工喜欢且愿意跟随的领导。

你的下属愿意追随你，绝不是因为你能给他一碗"鸡汤"，而是你能给他一份能实实在在填饱肚子的"鸡大腿"。

一个真正能成大事的人，一定是心里能装人的人。

你心里装着多少人，你就能够成就多少人；你能够帮助多少人成功，你就能够获得多大的成功。

人生大致就是三个阶段：年轻的时候我们要跟随成功的人；进入中年，我们要去和成功的人合作；当我们不断去发展的时候，终有一天我们取得了一定的成绩，我们要去帮助更多的年轻人获得成功。

所以一个领导者要去成就下属，要去帮助下属成长，这才能够成为一个有魅力的领导人。

一个领导的胸怀和格局从何体现？就是不怕下属超越他。你培养出厉害的人说明你很牛。

一个领导者是教练，你的球员进球，你的球员拿奖牌你应该高兴，那是你的成绩。但我们的很多领导就怕下属超越自己。这样的领导位置肯定做不高，他就到那里了，他就这样了。

一个领导者的厉害之处不是他有多牛，而是他能够帮助更多的人成为牛人，这才是好的领导者。

如果你能成就别人，你能帮助别人，你就能够领导更多人。

你心里能装着更多人，你就能成更大的事儿。

08
人生除了生死，
其他都是擦伤

最近几年，大家或许都过得比较艰难，负面新闻也总是出现在我们眼前。有些人被负面情绪困扰，很丧，觉得日子难熬，也觉得自己一无是处。

其实，没有谁的一生都是春天，也没有谁的一生都是冬天。

真正能成大事的人，不是看他在高峰期做了什么，而是看他会怎么面对低谷期。

我觉得罗永浩就是个真汉子。他创业那么多年，最后除了一身债什么都没留下，但人家并没有逃避，而是迎头直上。

其实当时，只要罗永浩申请破产，他只用承担1亿多的债务，还债压力就会减轻很多。

但他没有。他还许下承诺：只要战士不下战场，一切都有可能。何况最后实在不行，战士还可以"卖艺"还债，请大家放心。

随后，他便开始了"卖艺还债"之路：卖电子烟、做直播、上综艺、讲脱口秀、拍广告等。为了赚钱还债，他一天可以工作十几个小时。因为负债，不能坐飞机和高铁，开了17个小时的车才去到直播现场，他也从不抱怨。

按照世俗的标准，罗永浩不算成功，但为什么还有那么多人喜欢他？

因为他真实，因为他有担当。即使在低谷，仍坦然面对；即使屡战屡败，仍不放弃战斗。

任正非先生，屡遭困境，离婚、负债甚至患上抑郁症，但又无数次绝处逢生，带领华为冲出困境。还有褚时健先生，曾遭遇人生绝境，80岁后再次创业，永不言弃，永远在奋斗。

另一个我很佩服的人，是俞敏洪。

2021年因为"双减"政策，新东方遭到重创，一朝回到解放前。遭重创的是新东方这家企业，俞敏洪本人本可以全身而退，但他没有。他选择再次出发，带领团队做直播。

为什么他还在坚持？因为他知道自己一走了之没什么，但新东方五万名员工该怎么办？

俞敏洪的行动，展示出了一个真正的企业家该有的担当和责任。在"摆烂"和"躺平"流行的时代里，他活成了一股逆流，向世人证明什么才是触底反弹。

就像俞敏洪所说，一个男人的气质，来自经历风雨后的每一道皱纹，以及皱纹背后隐藏着的各种故事。

一个优秀的创业者，一定是个乐观主义者，他不会去抱怨、去指责、去迷茫、去自责，而是去面对问题、思考问题、解决问题。

黑夜终会过去，黎明总会到来。祝福所有的创业者，都能穿过迷雾，看到春暖花开，在付出和奉献中收获自己想收获的。

> 你心里装着多少人,
> 你就能够成就多少人;
> 你能够帮助多少人成功,
> 你就能够获得多大的成功。

番外篇

—

八个人生真相,越早看懂,越少踩坑

结语

把自己活成确定性，做赢到最后的人

很多人会问：未来会好吗？经济会好吗？商业市场的大环境会好吗？

过去的三年，是一个充满不确定性的时期，每个人都过得不容易。所以大家对未来既抱有期待，同时又有很多焦虑和迷茫。而我相信，这两年会是一个转折点，是黎明前的黑暗。

当然，想要认清未来的发展形势，想要谋求新的经济增长点，下面四组思考，建议大家要认真琢磨。

第一组思考，衰退和增长。

在过去的十年、二十年里，中国经济一枝独秀，成了重要的发展引擎。

但我们无法回避的是，我们现在可能正面对一个人类历史上上百年以来，都没有遇到的巨大的全球性经济衰退问题。这三年，我国从高速的增长，开始慢慢地进入中速，高层也提出了新的增长方式——高质量发展。高质量发展有五个关键词，创新、协调、绿色、开放、共享，企业一定要围绕这几个关键词积极布局自己的战略。

全球主要经济体正在面临衰退压力，欧洲各国、美国都出现了不同程度衰退的迹象，也就是说，很多主要经济体都在面临经济下行的压力。

但我可以肯定地说，一定还会出现局部的增长。

经济增长是有周期的，中国曾经历了五轮财富增长机会，每一轮都是由经济发展带来社会变革，而社会变革又会孕育出新的人群。谁能满足这类人群的需求，谁就能迎来新的增长机会。

现如今，全面人口红利的时代几近尾声，取而代之的是结构性人口红利，比如说，银发经济、女性经济、单身经济、陪伴经济等。**而这每一个红利期的背后，考验的都是对市场的洞察力。**

所以，经济在局部地区和局部产业当中依然有增长，而这个局部地区和局部产业考验的是什么呢？**考验的就是你对未来的理解，对趋势的理解和你的战略与决策能力。**

第二组思考，挑战和机遇。

任何一次的产业调整，经济危机之后，都会"死"一批企业，淘汰一些产业，但是会孕育出新的机会。

因为危机的背后就是机遇。

当年我们加入 WTO 的时候，很多人都在唱衰，认为我们的民族工业实在太薄弱了，远不能和欧美强国、欧美的品牌去竞争。

但是今天看来，加入 WTO 不仅没有让我们的民族工业受到打击，反而让我们的民族品牌、民族工业迎来了高速的发展。

所以，生存模式决定行为模式，危机的背后反而孕育着机遇。

现如今，我们正面对经济下行的压力，但我相信，每一次危机，都隐藏着机会。危机越大，机会也就越大，总有人会发现新的发展机遇。

第三组思考，坚守和创新。

不管是企业还是个人，都需要面临第二曲线的创新，而创新要基于两个逻辑：第一个逻辑叫作能力的平移，第二个逻辑叫作资源的平移。

2021 年的新东方遭受了巨大的打击，股价蒸发超九成，但 2022 年新东方通过东方甄选直播带货逆风飞扬，股价又回到了一个高点。新东方就是把英语培训、讲故事、做内容的能力从课堂上平移到了直播间，它是一个成功的能力平移案例。

所以，我们就该问问自己：你的核心能力是什么？你不可替代的能力是什么？你的资源是什么？

把你热爱的变成你擅长的，把你擅长的变成你的核心竞争力、不可替代的能力，并把这种能力和时代的红利、算法结合，这才是你要做的。

第四组思考，稳定和发展。

一个家庭、一个企业、一个城市、一个国家要稳定，本质是要有发展。

我们想要发展，想要增长，想要"明天"，想要"未来"，但我们也得要"今天"，要能活在当下。这是辩证和统一的。

没有稳定的环境，就不会有持续的发展；反过来，没有持续的发展，也不会拥有真正的稳定。

所以，人民对美好生活的追求，对恢复到正常生活秩序的渴望，本质上还是希望在发展中获得稳定。

那怎么在新的一年里做好财富布局呢？我认为有三个关键。

第一，要恢复自信。

信心重于黄金。在恢复经济之前，我们首先要恢复的是信心。

想要拉动内需，刺激消费，老板、投资人要有信心，员工也要有信心。

所以，未来，对你的客户，对你的经销商，对你的投资人，对你的员工，思考用什么样的方法和策略给予他们信心，这是你要做的第一项工作。

企业家独特的身份，往往需要在经济下行时，给予团队、客户、投资人信心，所以创业者、企业家只能选择成为理智的乐观主义者，因为也许悲观主义者能够赢得正确，但只有乐观主义者可以看到和赢得未来。

第二，要有目标。

现在，我们要做好两件事情。第一件事情叫聚焦优势，第二件事情是注重对成本和风险的管控，追求利润大于追求规模，不要盲目地去做扩张。

过去的三年，各行各业都受到了一定影响，这就可能导致经济出现"疤痕效应"，需要相当长的时间去复原，可能要经历一个积累期，才会有新的增长。

所以,这个时间节点是"练内功"的时候,是成本和风险管控的时候,是拼效率的时候,是拼你对整个组织、企业运营把控的时候。

因此,你需要制定好目标。因为生存模式决定行为模式,人有了目标,就会有相应的计划,继而就会有相应的行动。

求其上者得其中,求其中者得其下,求其下者无所得。你的目标要跳一跳才可以实现。太容易完成,对团队来说没有凝聚力,不能激发团队的动力;太高了又完不成,那也会挫伤团队的士气。

第三,要有节奏感。

企业与企业的竞争是马拉松,在越来越卷的今天,我们最终要拼的是谁能够成为长期主义者。要有一个长期主义的思维和理念,用时间的复利去做难而正确的事,而不要计较一城一池的得失。

未来能够赢到最后的人,一定是坚定的长期主义者。生活即工作,工作即生活,这个节奏是非常重要的,所以能笑到最后的人一定是"内功深厚"的人。

短期之内,赚钱将会越来越难,如今的创业形势,已经从电梯模式转变成攀岩模式。

尽管前路坎坷,但每走一步,我们都会在岩壁上看到新的抓手和落脚点,我们依然能不断地向上前进。

面对不确定的未来,我们唯一能改变的、唯一能确定的就是自己。

不断修炼自我，提升自己的能力，就是为了更好地抵御不确定性。这也是从不确定性中寻找确定性的关键所在。

希望未来，每个人都能穿越经济周期，活出事业的确定性，活成自己的确定性。